呂老師高效學習術❷

有讀有保庇，
金榜就題名！

呂宗昕 教授 著

超智慧高分考試術

百萬人見證！台大教授教你
抓住出題熱區，掌握作答技巧，
考前衝刺最有效的考試方法

PART 1 沒時間現代考生的「心理作戰篇」

PART 2 沒時間現代考生的「考情蒐集篇」

PART 3 沒時間現代考生的「考前讀書篇」

PART 4

沒時間現代考生的「考試技巧篇」

PART 5

沒時間現代考生的「解題秘訣篇」

PART 6 沒時間現代考生的「面試技巧篇」

前言

考試對大腦而言，是知識的輸出

讀書對人的大腦而言，是知識的輸入；考試對大腦而言，則是知識的輸出。

大概沒有人特別喜歡上場考試，但你我都明白，不管喜不喜歡、願不願意，都必須接受考試的存在，也必須想方設法在考試中獲得好成績。無論是想錄取理想學校、獲得證照或取得公職資格等，通過考試都是必經之路。

某次，在一場本校聚會中，一位素未謀面的文學院教授告訴我，她的孩子因我先前撰寫的「考試高手」系列書籍而獲益良多。我聽了十分欣慰，因為知道自己的著作無意間幫助到同校教授的孩子。

在上一本《高效率省力讀書術》中，我分享了四十二招讀書秘訣。該書的編輯告訴我，在校閱該書內容的過程中，她深覺「相見恨晚」，感嘆當年如能接觸到這些招數，相信其大學聯考的結果定會更上一層樓。

我因應目前的考試新趨勢，並針對現代考生普遍缺乏時間的問題，撰寫出一本與過往作品截然不同的新書。這本《超智慧高分考試術》全書分為六大章，共有四十二小節，每節教你一個招數，總共介紹四十二招，期望幫助你成為配備各式克敵利器的考場「鋼鐵人」！

你可視自身狀況，由目前最需要的章節開始閱讀。倘若時間緊迫，無法看完全書，你只要學會幾個關鍵招式，其實就已足夠。第二章是專為參加升大學學測及升高中會考的考生所寫，高中及國中同學可多加留意。其餘五章則適用於各類考生，不管你是要應付校內的段考及模擬考，或是即將參加學測、指考、會考、統測，或要考證照與國家考試，本書都是你不可或缺的考試武功祕笈。

● 在第一章「**沒時間現代考生的『心理作戰篇』**」中，教你如何建立自信心，不畏懼考試的壓力，要堅信「學歷有用論」，指導你成為「斜槓青年」的方法，並強化你對考試的心理狀態！

●在第二章「**沒時間現代考生的『考情蒐集篇』**」裡，告訴你大學學測的新規定，提出因應的準備方法，教你如何計算大學學測及高中會考的「最大容錯題數」，指導你考前如何蒐集考試資訊，並提醒看考場的注意事項。

●在第三章「**沒時間現代考生的『考前讀書篇』**」裡，教你運用「五秒法則」激勵自己讀書，藉由「棉花糖理論」鼓勵自己延遲享樂，善用「大時間做大事，小時間做小事」法則去K書，並讓你擁有如棒球投手的「隧道視野」避免分心！

●在第四章「**沒時間現代考生的『考試技巧篇』**」中，指導你填寫電腦答案卡的技巧，儘量不要「秒殺」解題，利用「題目畫圈法」避免粗心犯錯，並教你在考場中如何不緊張，適時為自己補充正能量。

●在第五章「**沒時間現代考生的『解題秘訣篇』**」裡，教你遇到難題時如何跳題，如何刪去與解題無關的敘述。說明國寫及會考作文拿高分的方法，指導你如何運用「圖像公式」快速解題，並介紹「初步檢查」與「細部檢查」的技巧。

●在第六章「**沒時間現代考生的『面試技巧篇』**」中，教你利用「A4紙對折法」準備面試，說明給教授好印象的方法，透過「模擬面試」提前準備，最後教你遇到不會答的題目該如何應變。

我深切期望這本書能助你打敗考試，順利進入理想志願學校，成為戰勝考試的人生勝利組，逐步實現自己的夢想與理想！

給現代考生的一小段話

希望你不要畏懼考試，也不要抱怨考試。請堅持到底，在考前絕不輕言放棄！

請善用本書的各種招數，讓你招招命中考試要害，助你在考場中克敵致勝，金榜題名！

給現代教師的一小段話

感謝您辛勤地教導學生。在您認真指導學生準備升學考試時，若能另行教他們學會一套正確有效的考試方法與技巧，相信他們的成績會有更長足的進步，更能為母校爭光！

給現代家長的一小段話

在您關心子女的未來出路與升學狀況時，除了給予支持及鼓勵外，最好也能讓他們學會一套有效的考試技巧與秘訣，幫助他們順利通過考試難關，昂首闊步邁向人生的下一階段！

PART 1

沒時間現代考生的「心理作戰篇」

面對考試這個大魔王，
一定要先吃下定「心」丸，才能增加獲勝的可能。
讀完第一章，讓你成為不慌不亂、冷靜沉著的勇者。

對於這次大考，我是否勢在必得？

第1招：請你一定要在乎這次考試！否則成績也不會在乎你！

大考將屆之前

當你有意或無意中翻閱到此書，或許你即將面臨考試的挑戰，又或許過一陣子就要上場應試。而你現在可能非常、非常沒有時間。

你面臨的考試很可能是以下項目之一，也可能同時要應付其中數種考試：

- 學校裡的段考
- 升學考試前的模擬考

- 升高中的會考
- 四技二專的統測
- 升大學的學測或指考
- 學校的期中考或期末考
- 研究所入學考試
- 全民英檢
- 專業證照考試
- 公家機關考試
- 國家考試

在大考之日來臨前，你可能是屬於以下幾種狀況：

- **狀況一：**完全準備妥當，勝券在握。

- **狀況二：**大致準備妥當，十拿九穩。
- **狀況三：**已經盡力準備，忐忑不安。
- **狀況四：**算是有些準備，沒有把握。
- **狀況五：**完全沒有準備，只能陪考。

對於狀況一及狀況二的考生，建議你務必沉著應戰，切勿輕敵。只要你繼續維持原有的水準與實力，金榜題名應不成問題。至於狀況三至狀況五的考生，他們心裡大概會有這些念頭：

- 算了吧！反正我也考不上！
- 完全放棄，假裝沒有考試這件事。
- 好緊張喔！緊張到自己不知如何是好。
- 無論如何，我總該奮力一搏！
- 我相信只要盡全力，就會有好成績！

我想你應該不喜歡考試，我也是如此，相信天底下極少有人對考試是樂在其中的，而喜歡考試的老師應該也不多見。如果學生及老師都不喜歡考試，那麼舉辦考試的目的究竟為何呢？

考試，是測驗學生程度的最簡單方式，是激勵學生讀書的最有效方法，更是篩選學生進入各校科系的最公平競爭。

隨著大考日期漸趨逼近，現在並非探討考試意義及價值的好時機。無論你喜不喜歡考試，現實狀況就是你必須正視考試這一件事。

沒時間的超強考試秘訣

假設你已經接受考試是人生中無可避免的，建議你的「超智慧高分考試術」第一招：請你務必在乎這次考試！因為如果你不在乎考試，考試成績也不會在乎你！

有的人喜歡裝酷耍帥，明明準備不足，卻裝出一副考上與否都無所謂的態度；有的人覺得既然來不及準備了，乾脆提早放棄；有的人認為自己程度不佳，如果不要抱持太高期望，屆時失敗就不會太難過；有的人天性隨遇而安，覺得書有讀就好，不在意自己能否一舉中第。

以上這些都是考生常見的心態。人在高度緊張的狀況下，會尋找不同的方式以紓解壓力，人類的本性如此，自是無可厚非。但是關於考試這件事，考場上可能有數千、數萬，甚至是十多萬名考生與你同台競爭。只要你稍一鬆懈，對手就會趁虛而入，甚至取而代之。你也許只是多寫錯了兩、三題，但結果卻差了好幾個志願。

無論你是否已準備妥當，也不管你究竟唸了多少書，對於這次大考，建議你一定要抱著勢在必得的心態上場應戰。唯有堅定信念，正面迎戰，才能發揮應有的水準，有機會反敗為勝。

考前的「氣勢」很重要。我們要先發制人，為自己建立強大的氣場，絕不能未戰先敗，在氣勢上輸人！

呂老師私房經驗分享

建議你：在考前請避免一直把「討厭考試」掛在嘴上。你越討厭考試，考試成績就會越嫌棄你。

也勸你：請不要在考前就一直說自己會「考不好」。說得越多次，就越不容易考出好成績。

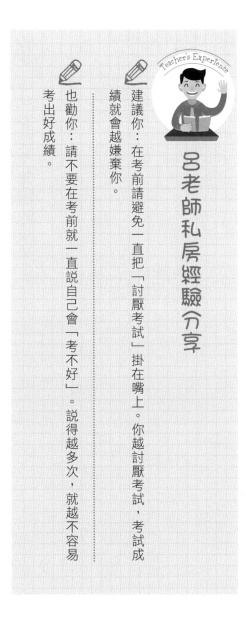

考試常考砸，對自己沒信心，該怎麼辦？

第2招：無論從前成績如何，只要竭盡全力，定會扳回一城！

李安兩次落榜的故事

你很可能看過大導演李安的電影，即使沒看過，相信也應該久聞其盛名。

李安執導的電影〈臥虎藏龍〉獲得第73屆奧斯卡最佳外語片獎，那是他首次在國際影壇嶄露頭角。後來又執導〈斷背山〉和〈少年PI的奇幻漂流〉，分別獲得第78屆和第85屆奧斯卡金像獎「最佳導演獎」的殊榮。他曾獲頒的獎項不計其數，是亞洲目前獲得最多國際獎項的導演。

李安在國際影壇發光發熱，被讚譽為台灣之光，但你可知道，當年他曾在大學聯考落榜兩次嗎？

李安的父親是校長，從小對他期望甚高。後來李安考上台南一中，他的父親當時正好是該校校長，身為校長之子的李安倍感壓力。第一次參加大學聯考，李安只差了六分而名落孫山。第二年捲土重來，他又以一分之些微差距不幸再度落榜。李安的二度落榜，讓家裡氣氛猶如面臨世界末日，更讓身為台南一中校長的父親顏面盡失。

沒能考上一般大學的李安，決定報考藝專（現在的國立台灣藝術大學）的影劇科，最後順利考上，也因緣際會地在那裡找到了自己的舞台及人生的轉機。

馬雲對考生的鼓勵

如果你以為大導演李安落榜兩次真是時運不濟的話，其實還有另一位大人物也跟他一樣運氣不佳。馬雲是阿里巴巴集團的創辦人，也是淘寶網與支付寶的創始人，還身兼日本軟銀的董事。他白手起家，時至今日已累積了驚人的財富，曾榮登亞洲首富。雖然貴為首富，但馬雲並非一路順遂，年輕時參加大學入學考試也曾落榜兩次，都敗在數學科，第一次考一分，第二次考十九分。

但馬雲沒有選擇放棄，他繼續發憤圖強。為了維持家中經濟，他白天踩著三輪車當車伕，晚上則努力用功讀書。第三度參加大考時，數學科大幅進步至七十九分，終於考上了杭州師範學院。

馬雲曾以「落榜生」過來人的身份鼓勵考生：「即使今天不成功，未必未來就沒有機會！若運氣不是在考試中，一定會是在其他地方！只是還沒有找到而已。」

「讀大學還是很重要，但如果暫時考不進大學，請用欣賞的眼光看自己，一定會有自己的機會！」馬雲考了三次才考進大學，後來成為中國首富。如果馬雲當初放棄了進大學的機會，相信不會有阿里巴巴這家公司的誕生，他也不可能造就今日的財富。

沒時間的超強考試秘訣

聽了李安和馬雲的升學故事後，你是否覺得自己應該比他們更勝一籌？至少你的數學科不會只考一分，只是不知道會考上哪間學校而已。建議的「超智慧高分考試術」第二招是：不管之前考幾分，只要好好把握住眼前的機會，不輕言喪志，就能扳回一城！

即使準備大考的時間不夠充裕，你也不該暗自垂淚或唉聲嘆氣。請儘管戴著鋼盔往前衝吧！只要全力衝刺到底，說不定就會考出意想不到的好成績。

在大考前要比的是：

- 看誰的氣夠足！

● 看誰的氣夠強！
● 看誰的氣夠長！

請記住下列這三件事：

● 之前的分數不重要！
● 之前的名次不在意！
● 之前的失意不理會！

只要你在這次大考做到下列這三件事就好：

● 考出比以前高的分數！
● 考出比以前好的名次！
● 考出比以前棒的成績！

請你集中心力在這次大考上，全神貫注為考試做準備。現在的你沒有多餘的時間回想過去，無須回顧過去的成績，也不用計較模擬考的名次，只能帶著鋼盔拚命往前衝！

千萬不要小看自己的無窮潛力，當你一心一意想要考好試，潛力就會被激發出來，你也終將看到一張漂亮的成績單！

呂老師私房經驗分享

很多人考完試後，會發現考出來的成績與校內模擬考的排名不見得一致。其實無須訝異，這是因為大考出題方向與校內考試出題方向未必相同，且每位考生臨場狀況都不一樣，故會產生如此這般的差異。

我常提醒高材生，別自視甚高卻大意失荊州。我也鼓勵中等程度的考生，當考題難度不高時，你只要能小心應對，比別人少錯一、兩題，你就有機會錄取比原本預期更好的志願，所以絕對不要妄自菲薄、提前放棄！

如果考前壓力很大，我該怎麼辦？

第3招：大考前，請別拿「假設性問題」庸人自擾！

作家侯文詠與兒子的對話

侯文詠是位暢銷作家，撰寫過多本膾炙人口的著名小說。

有一天，他的兒子打電話問道：「我明天考試，壓力很大，該怎麼辦？」

侯文詠問：「你平時有準備嗎？」

「有啊！」他兒子回答。

侯文詠再問：「那怎麼會壓力大呢？」

他兒子說：「因為答應爸媽要考好，所以壓力很大。」

侯文詠突然想起某位大導演指導農民演戲時，為了讓農民不要緊張，就教他們別看鏡頭，依照平時的模樣表現即可。

侯文詠就告訴兒子：「別想考試結果了，把該讀的書讀完就去睡覺，懂了嗎？」

「懂了！」他兒子回答。

思考壓力的來源

侯文詠是位相當開明的好父親，給予孩子許多愛的鼓勵與關懷。每一位父母對孩子

成績的要求不盡相同，不見得都會採取跟侯文詠同樣的做法。不過，我們可以試著思考，壓力究竟從何而來？可能是來自於：

- 自己希望考出好成績，但怕做不到。
- 自己希望考進理想志願，但怕考不上。
- 家人希望自己考得好，但怕讓家人失望。
- 家人對自己期望很高，但怕受家人指責。

瞭解了這些因素可能是你的壓力來源後，讓我們來轉念，試著這樣想看看：

- 還沒考試，怎麼知道考不出好成績？
- 還沒考試，怎麼知道考不上理想志願？
- 還沒考試，怎麼知道會讓家人失望？
- 還沒考試，怎麼知道會受到指責？

沒時間的超強考試秘訣

明白壓力可能從何而來後，建議的「超智慧高分考試術」第三招是：大考前，請別拿假設性問題庸人自擾！請先把各種擔心拋到腦後，等考完試再說吧！或是乾脆等收到成績單，再開始擔心吧！

考前的適當緊張是有必要的，但是太過緊張則於事無補，甚至可能壞了大事。與其窮緊張，不如趕緊去讀書。倘若你還是非常緊張，可依照侯文詠的建議，早些上床就寢。明天一覺醒來，不再感覺那麼緊張的時候，以神清氣爽、精力充沛的氣勢，再繼續努力讀書吧！

一般而言，壓力正比於己身實力與期待成績的落差。也就是說，當你的實力與期待成績越接近時，你所感受的壓力會越低；相反地，你的實力與期待成績差距越大，你所感受的壓力就會越高。想減輕壓力，最好的方式就是儘量拉近己身實力與期待成績之間的差距。只要你的實力與期待成績越來越接近，你的壓力就會消弭於無形！

呂老師私房經驗分享

如果你問我：「人生中感到壓力最大的一次考試是什麼時候？」我會告訴你：「是考大學時的升學考試」。

雖然我高中成績不錯，但因忙於社團及班刊活動，故無法將全部心力放在課業上。在高三那一年，我拚命想要追上其他優秀同學的成績，確實倍感壓力。那時候，要一邊讀書，一邊與自己不斷對話以排解壓力，最後終於順利通過考大學的難關。

時代在轉變，學歷真的還有用嗎？

第4招：請停止不必要的質疑，絕對要相信學歷有用！

美國普林斯頓大學校長的演說

大家常在媒體上看到許多國外科技富豪的傳奇故事。他們或許沒有傲人的學歷，卻有能力白手起家，創造出驚人的財富，因此有人提出「學歷無用論」的說法。

那麼學歷是否真的無用呢？

美國的普林斯頓大學是世界頂尖學府之一，該校已有數十位諾貝爾獎得主。校長埃斯格魯伯（Christopher L. Eisgruber）在第二百七十一屆畢業典禮上，大力駁斥「學歷無用論」之說法。

他首先恭喜畢業生們完成了一件真正重要且值得慶祝的事情。這是因為在獲得學位的過程中，許多畢業生在多重面向上改變了自己的生命。這個學位將擴大畢業生的職業選擇範圍，增進對世界的認識，深化欣賞社會與文化的能力，並且提供了終生學習的基礎。

埃斯格魯伯校長另外還補充說明，他認為大學學位具有極高的經濟價值。根據紐約聯邦儲備銀行經濟學家估計，大學學位的平均年投資回報

率高達15％，而美國股票的平均年投資回報率卻僅有7％而已；也就是說，讀大學比投資美國股票更有價值。美國西北大學的夏皮羅校長（Morton Shapiro）也認為對大多數人而言，投資大學學位是一輩子所做的最佳財務選擇。

埃斯格魯伯校長又說，除了個人收入外，各大學的畢業生也普遍擁有較高的幸福感、工作滿意度及公民參與程度。

沒時間的超強考試秘訣

或許你在考前仍在質疑學歷究竟有用還是無用，建議的「超智慧高分考試術」第四招是：請停止無謂的懷疑，絕對要相信學歷有用！

儘管俗話說：行行出狀元，但是各行各業的狀元畢竟只有一個，並非人人都能成為所從事行業的佼佼者。你可能擅長打籃球或打羽球，但是你到底有多少機率能成為像林書豪一般的美國NBA職籃明星球員，或像是戴資穎一般的羽球天后呢？

對一般人而言，不去唸大學，僅憑藉個人技能謀生而獲得成功的機會，遠低於唸了大學、習得專業，再去選擇一份好工作而獲得成功的機會。

即使是林書豪及戴資穎，他們除了球技精良外，也沒有荒廢自己的學業。林書豪是畢業於哈佛大學的高材生，戴資穎則取得了台北市立大學研究所的學位。

請相信美國普林斯頓大學埃斯格魯伯校長所說的：**學歷是有用的**！

也請認同美國西北大學的夏皮羅校長所說的：**投資大學學位是你一輩子所做的最佳財務選擇**。當你堅信學歷有用，你就會義無反顧地全力準備考試，也才能獲得傲人成績的甜美果實！

呂老師私房經驗分享

不少人在考前還是三心二意，為自己找尋不想讀書的理由或藉口。我常建議考生，儘量不要東想西想。這些不切實際的思緒只會讓你分心，降低你拚高分的動力。

我也同意，讀書考試並非通往成功的唯一管道。但對多數人而言，這卻是一條比較平坦順遂的途徑。況且，你可同時取得學位及擁有專業技能，也就等同獲得更多的成功機會。

你想成為有多重身份的「斜槓」工作者嗎？

第5招：請先專心致力於這次考試，考完再思考之後的機會

斜槓青年的新觀點

你聽過「斜槓青年」這個新名詞嗎？現代社會快速變遷，很多媒體針對這個多變的環境提出各式各樣的觀察論點。

什麼是斜槓呢？斜槓就是英文的 slash，以符號表示就是「／」。「斜槓青年」是美國《紐約時報》專欄作家瑪希・艾波赫（Marci Alboher）所提出的新觀點，她認為現代人可能身兼多重身份。

你從學校畢業後，白天可能是個普通上班族，但下班後可能擔任環保義工，也可能是關心生態環境的演講者，又或者是個業餘運動選手。所以你的工作職銜就會寫成：上班族／環保義工／生態演講者／業餘運動選手，以斜槓（／）區隔不同的工作類型。

假設一個人平時白天上班，下班後可能是個網紅，假日可能兼任補教老師，另外也可能是位業餘作家。此人的工作職銜就會寫成：上班族／網紅／補教老師／業餘作家，這是斜槓青年的又一例子。

成功斜槓青年

上班族 ／ 運動選手 ／ 攝影師 ／ 料理高手

斜槓青年凸顯了現代社會的多元化，使生命充滿可能，變得更加多彩多姿。

沒時間的超強考試秘訣

如果你未來也有意成為斜槓青年，建議的「超智慧高分考試術」第五招是：請先專心致力於這次考試，盡全力突破眼前的考試難關，等考完再思考斜槓之後的機會！

考上一所好學校，並在學校裡培養出個人專業，爾後才容易找到好的工作。待你有了一份好工作之後，才有機會發展第二專長，在不同場域裡扮演不同的角色，也才能盡情享受豐富的人生！

想成為一位成功的斜槓青年，你必須先有穩當的正職工作，確定自己無後顧之憂後，再來發展其他專業或個人興趣。所以目前先專注於如何在大考中拿高分就好！之後要加幾條斜槓，一切等考完再說吧！

呂老師私房經驗分享

我問過很多學生，日後想做些什麼，其中不少人仍茫然沒有頭緒，也有不少人興趣廣泛，對很多事都躍躍欲試。針對前者，我會鼓勵他們起碼要想出一件自己畢業後真正想做的事；針對後者，我會鼓勵他們先決定好第一件想做的事，並盡力完成它。有了第一次的成功，就是未來另一次成功的基石。

人生大事必須從長計議。在考前只要確立單一目標就好，想太多與考試無關的問題，只是庸人自擾、平添煩惱而已！

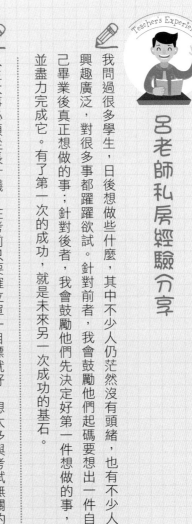

如果在考前感覺心情煩躁，我該怎麼辦？

第6招：請試著「時空移轉」，假想自己考完試會有多輕鬆！

回到未來的時空移轉

美國曾有一部叫做〈回到未來〉的賣座電影，其故事情節與現在流行的時空穿越劇極為類似。在電影裡，未來世界的男主角回到過去的年代，為過去的自己提供了寶貴的建議，因而改變了自己，也拯救了世界。

當你在考前覺得自己心情不佳，即使嘗試睡覺補眠、出外散心，甚至是大吃一頓之後，仍然覺得心浮氣躁的話，應該如何是好呢？

沒時間的超強考試秘訣

想要排解考前煩悶的心情，建議的「超智慧高分考試術」第六招是：請試著「時空移轉」，假想自己已經考完試，一切都變得輕鬆，能夠隨心所欲去做所有想做的事。

我當年考大學時，也因承受來自四面八方的龐大壓力，偶爾會感到心情煩躁，無法靜下心來。我知道自己成績尚可，但到底能夠考上哪一所學校，心裡仍是七上八下、毫無把握。

那時當然還沒有〈回到未來〉這部電

想放棄了！
隨便考好了！
不想唸了！
煩死了！
穿梭時空
大考前
想像考完後
我解放了！
高興做什麼都可以了！
我考上了！
我考完了！

影，也還沒有現在的時空穿越劇，但我發明了一招，幫助自己暫時脫離當下的壓力。我採用的方法就是假裝自己已經考完所有考試，在腦中設想自己是處於未來的三個時間裡。

● **第一個時間：大考結束之後**。我應該會好好休息，讓自己徹底放輕鬆，自由自在地去做一直想做的事。

● **第二個時間：進入大學之後**。我應該會參加自己喜歡的社團，選修自己喜歡的課程，在充滿自由學風的學校裡，做個快樂的大學新鮮人。

● **第三個時間：大學畢業之後**。我應該已經具備個人專業，可以選擇自己喜歡的工作，在職場上盡情發揮所長，貢獻一己之力。

我設定了三個假設時間，將心念移轉至三個不同的時空環境中，以幫助自己忘卻眼前的煩惱。等到情緒平穩、不再煩躁焦慮之後，再回來好好用功讀書。

建議你也可以採取類似的作法，讓大腦的思緒暫時神遊至未來的不同時間裡，把那些會讓你焦躁不安的事拋諸腦後。唯有先想辦法讓自己靜下心來，才能有效提升讀書的效率。

呂老師私房經驗分享

我自創的這個時空移轉招式，當年在大學聯考前確實有助於安定自己的心情，讓我能專心準備，直到考試結束。

後來我也將此招套用在不同事務上。人遇到難關時，容易鑽牛角尖，甚至陷入死胡同。有時我的學生遇到困難事情，我也會教他們這個方法。讓他們試想：當那個難關過去之後，會是什麼樣的情境與狀況。他們心念一轉，自然就豁然開朗，不再自尋煩惱了。

如何強化自己在考場上的戰鬥力？

第7招：無論目前實力高低，請抱持「執念」考好這一場考試！

國中時期的小故事

「執念」這兩個字源自於日文，意指執著之念。

在考場中，想要考出好成績，就必須心中有「執念」。

這是發生在我身上的一個真實事件。國三那年，高中聯考將屆，學校幾乎每天都有考試。當天的考試是安排在早自習時間，我臨出門前還在K書，因而稍稍延誤了上學時間。

出門下樓時因心有旁騖，不小心踩空了一級階梯，結果從二樓跌摔到一樓。當下覺得額頭很痛，好像有血滲了出來，但自己心心念念的是待會要考試，所以也顧不了太多，就用一條手帕壓住傷口，急急忙忙搭上公車趕抵學校。

一走進教室，馬上就開始考試。我在寫考卷時，一手忙著振筆疾書，一手則繼續用手帕緊壓傷口。手裡似乎感覺有溫熱的液體持續滲進手帕，但我一心只專注於如何解題，卻無暇顧及傷口有多嚴重。

好不容易寫完考題，等老師收走考卷後，身旁的同學這才發現我額頭上佈滿血跡，趕快報告老師。後來學校緊急送我到醫院，額頭縫了好幾針才止血。

「執念」的力量

多年後，在某次同學會裡，一位老友提起當年這件事，又勾起了我的回憶。現在回想起來，覺得自己當時好傻，怎麼會為了考試不顧自己的傷口，還忍痛考完那場考試？幸好傷勢不算太嚴重，倘若延誤就醫的話，不知後果會是如何？

我身為學校老師，絕對不鼓勵你做跟我一樣的傻事。無論如何，身體一定比考試重要。沒有健康的身體，即使考上再好的學校與科系也是枉然。

然而，國中時期的這件傻事，也讓我深刻體認到，一個人的意志力究竟有多麼強大。

沒時間的超強考試秘訣

為了強化你在考場上的戰鬥力，建議的「超智慧高分考試術」第七招是：請抱持「執念」去考好這一場考試，不管目前實力如何，請心無旁騖地去做好這一件事。當你全心全意想做好一件事情，就不會分神去在意其他的事，直到你達成目標為止，這就是日文所說的「執念」。

只要專心致力於一件事情上，你就能把那件事情做好；只要一心一意想考好這次考試，你就能締造出自己的高分。請抱持一定要考出好成績的「執念」！

《牧羊少年奇幻之旅》一書裡說過一句話：「當你真心渴望某件事情時，全宇宙都會聯合起來幫助你。」

確實，我也相信這句話。

呂老師私房經驗分享

凡是重要的考試，考前我一定盡力準備，考試當天也必會全力以赴，因為我深信：你要強烈渴望好成績，考試才容易考得好！

有的學生考前只想隨便讀一讀，考試時隨便考一考，往往這些考生得到的分數也會很「隨便」！請記住前面我們說的：當你不在乎考試時，考試成績也不會在乎你！

PART 2

沒時間現代考生的「考情蒐集篇」

穩定好軍心之後，接著要做的便是情報蒐集。
考生必知、必看、必準備的考情特搜方法，
想要獲得理想好成績嗎？看了就知道！

如果想在大考拿高分，首要應注意些什麼？

第8招：請務必留意考試制度。大學學測自108年起，由必考五科改為最多選考四科！

考前的「考情分析」

由本章開始，呂老師要教你各種不同的「戰法」與「戰技」，以對付各類重要考試。考前時間有限，為了節省寶貴的時間，你可挑選與你最相關、個人最需要的章節閱讀。

本書大部分的內容適用於要參加各類考試的考生。就讀高中的同學，可加強閱讀有關大學學測及大學指考的考試技巧；而國中同學則可特別留意有關升高中會考的資訊。

有的考生雖然十分用功，但是因考前的「考情分析」做得不夠，導致無法充分發揮實力；有的考生則非常依賴學校老師及補習班提供的資訊，但倘若所提供的資訊不夠周詳，也會使你的表現大受影響。

沒時間的超強考試秘訣

為了有效拉高考試分數，無論你是不是立即要參加大考，建議的「超智慧高分考試術」第八招是：請積極蒐集考試相關資訊，找尋報章報導或上網搜尋資料，徹底做好「考情分析」。

考情分析包括兩大部分：

Ⓐ考試制度變化

Ⓑ命題趨勢改變

因應社會發展及時代變遷，大考中心不斷在考試規定、考試科目要求、考試範圍、甄試方法等方面做出變革。若考生不瞭解考試要求，仍埋頭依循過往的方式準備考試的話，最後可能會徒勞無功、白忙一場。所以在「考情分析」中，最重要的資訊就是「考試制度的變化」。

大學學測的新規定

如果你是即將應考大學學測的高中生，請特別留意本段說明。

大考中心已經公告自108年起，大學學測有以下幾項重大變革：

●大學學測由必考五科改為最多選考四科

學測原本行之多年的五科制度（國文、英文、數學、社會、自然），因配合「大學多元入學方案」，由必考五科改為選考四科或三科，同時規定各校系甄選學生最多僅能採計四科成績。考生可按照各大學校系的規定考科選考，但成績仍採十五級分的分級制。新制可大幅減輕考生的升學負擔，有更充裕的時間以準備各科考試，這對考生來說可謂是一大福音。

●國文科考試方式的改變

國文學測原本將作文與測驗題考試放在同一節課進行。自108年起，則將作文與測驗題分開考試，獨立施測。作文考試的正式名稱是「國語文寫作能力測驗」，簡稱「國寫」。

●國文科考試範圍的變化

國文學測全數改為選擇題，以致題數增加，且考試範圍涵蓋至第五冊，因此國文科對考生會構成更龐大的壓力。

● 國文科考試內容的變化

國文學測的命題難度將會加深，閱讀測驗將以長篇閱讀為主，故題目長度會隨之拉長。而且會在考題中融入社會、自然等不同領域之素材，故跨領域命題將成為新的考題趨勢。

● 英文科考試內容的變化

英文學測的範圍擴大，由現行只考第一冊到第四冊，改為包含第五冊。過去學測只考四千五百個單字，但往後必考英文單字量將大幅增加，考試難度也同步加深。

瞭解考試制度的變化後，考生有必要針對這些變化，儘早調整準備的方式及應試的技巧。在下一節中，呂老師會為即將參加大學學測的考生提供應戰策略。所謂知己知彼，百戰百勝，預先做好妥善的準備，是邁向勝利的重要關鍵！

呂老師私房經驗分享

我在求學時期養成了提早做準備的習慣，這對我後來的考試幫助甚大。即使你現在還沒升上高三，或僅是個國中生，其實不妨開始留意學測考試的相關變革。因為你遲早要考學測，而「它」也總有一天等到你！

成績優異的人，除了須具備一定的實力外，最重要的是在考前要知道大概會怎麼考，還有瞭解大概會考什麼。我在考前複習時，習慣自行猜題，就算不見得都能猜中，但起碼我會對那些題目特別熟悉，因此提升了解題能力。

如何在新制大學學測中，獲得好成績？

第9招：請先確定選考科目，並加強準備國文及英文！

如何因應新制學測考試？

倘若你是高三學生，請務必仔細閱讀這一節。如果你還不是高三學生，也可先行瞭解學測制度的變革，提早進行準備。至於國中會考，亦會在本章中詳細說明。

上一節曾提到大考中心公布，自108年起，學測由必考五科改為選考四科或三科，同時各校系最多僅能採計四科成績甄選學生。另外，在國文及英文的考試範圍及方式上，也有很大的變化。那麼考生該如何因應這些變化以提早準備呢？

沒時間的超強考試秘訣

為了有效因應即將來臨的大學學測考試制度變革，建議你的「超智慧高分考試術」第九招是：請先瞭解大學各科系的要求，確定自己要選考的學測科目，同時加強國文及英文的準備！

要參加大學學測的考生，請參考以下建議：

● **先確定自己要選考哪些學測科目**

你可能會想說先考完學測，視各科成績狀況，再提出大學入學申請。然而如此一來，你需要準備的科目變多，能分配給各科的讀書時間變少，各科得分很可能因此不增反減。

建議你可以先行查閱自己的理想科系有何要求，再來選定學測科目。一般而言，偏向人文社會領域的科系不會要求考自然科，而偏向理工領域的科系不會要求考社會科。若你一心想考上人文社會方面的科系，學測科目應選擇國文、英文、數學與社會；若你希望能錄取理工方面的科系，學測科目則應選擇國文、英文、數學與自然。

● 學測國文科的準備

以往國文學測的範圍僅涵蓋到第四冊，但新制的國文學測把第五冊也納入，也就是學校老師一教完第五冊，考生即須上場應試，大幅壓縮了第五冊的複習時間。另外，大考中心也已明確表示，往後的命題難度將會加深，題目長度及字數將會增加，並朝向跨領域方向命題。建議你可以：

❶提早預習國文第五冊的課程內容。為因應國文科考試的變動，建議你要先行閱讀國文科第五冊，並輔以參考書的相關內容，加強對該冊的認識與瞭解。以往第五冊的考題只會出現在指考中，所以你可參考歷屆指考的考古題，找出有關第五冊的命題方向與重點。

❷加強閱讀能力。至於題目字數變多、文章變長，對國文程度較差的同學可能是一大挑戰。閱讀能力的提升並非一蹴可幾，需要多多練習以培養實力。想有效增進自己的閱讀能力，你可多參閱學測及指考的閱讀測驗考古題，一方面訓練自己閱讀長文章的能力，一方面也可強化閱讀測驗的答題技巧。

一旦跨領域考題成為命題趨勢後，基本上只要是以中文字呈現的資料，均有機會成為國文科的考題。考生可上網尋找新型學測的命題「參考試卷」，下載後自行練習，以求儘早熟悉此類題型。

要如何下載考題呢？首先查詢大考中心的網站（http://www.ceec.edu.tw/）。進入該網站後，在網頁左側第二行找到「測驗考試」，由「測驗考試」的網頁進入「學科能力測驗」，於該頁面的上方找到「參考資訊」，再行下載「參考試卷」即可。

●學測英文科的準備

新制的英文學測與國文學測相同，考試範圍一樣涵蓋至第五冊，所以考題難度也會同步提高。此外，要考的英文單字數目增加，過去學測包含的四千五百個單字將不敷使用。

❶**提早預習英文第五冊的課程內容**。為因應英文科考試的改變，同樣建議你要提早自行閱讀英文科第五冊，以免屆時沒有充裕時間好好複習。你可利用參考書以熟悉第五冊的內容。

❷**參考歷屆指考考古題**。從歷屆指考的考古題中，可以找到英文科第五冊的命題重點，以加深學習印象。再者，也請盡可能提早學習及記憶第五冊的新單字。

想進一步瞭解新型英文科學測，請進入「大考中心」網站，搜尋英文科的命題「參考試卷」，或是在其他網站應該也可以找到已經下載好的資料。你可自行將「參考試卷」列印出來做練習。

無論是國文科或英文科的「參考試卷」，皆是由「大考中心」邀請學有專精的教授們所命題出來的，故與正式考試最為相近，極具參考價值，請務必多多練習。

不管你想就讀人文社會方面的科系或是理工方面的科系，國文與英文兩科都是必考科目。既然無從逃避，不如直接正面迎戰。最後的勝利，將屬於提前做好準備的人！

呂老師私房經驗分享

我在求學階段，最傷腦筋的就是社會科。新制的學測可以選考四科或三科，那些與我狀況類似的考生即無須再準備社會科，可以將時間與精力投注在其他四科上，預期這四科的分數將因此拉高。

雖然有志進入理工科系的考生往後無須再考社會科，但是社會科的基礎知識對於理工科系的學生還是十分重要；同樣地，有意專攻社會科系的學生也有必要具備自然學科的基礎概念。即使某些科目學測不考，但不代表你可以對這些科目的基礎知識毫無概念。

在「全人教育」的社會裡，每一科都很重要，都有其存在的價值。

想甄試上大學某科系，學測每科只能錯幾題？

第10招：請參考以往大學錄取結果，推估自己所需學測級分，再估算每科的「最大容錯題數」

我需要考到多少級分？

大學學測計分是採級分制，指考計分是採絕對分數制，而高中會考則是採積分制。往年學測為必考五科，滿級分是七十五級分。新制改為選考四科或三科，故滿級分為六十級分或四十五級分。升大學的甄選是依照學生的級分數，升高中的甄選則是按照學生的積分。那麼你需要達到多少分，才能考上理想學校及科系呢？

沒時間的超強考試秘訣

為了進入心目中理想的學校與科系，建議的「超智慧高分考試術」第十招是：請根據各學校科系過往的錄取結果，推估自己所需的級分，再估算出每一科最多可容許答錯的題數。

我們將「每一科最多可容許答錯題數」簡稱為「最大容錯題數」。呂老師再為你詳細說明。

例如：在過去學測必考五科時期，你的理想科系大概要求總級分是七十級分，因此平均一科要求是十四級分。我們再上網查一下，以目標是進入理工科系的學生來說，如果國文、英文、數學、自然四科皆須達到十四級分，則上述各科「最大容錯題數」約在

計算學測最大容錯題數

1. 決定自己理想大學科系
2. 推估上榜所需學測總級分
3. 估算各科所需級分
4. 上網找歷年各科級分表
5. 推估學測各科最大容錯題數

兩題、三題、三題、三題以內。所以上述數字就是你在模擬考及正式學測時，要竭盡全力達到的目標。

倘若你發現在模擬考中，國文及自然兩科的答錯題數小於或等於「最大容錯題數」，代表你這兩科應較無問題。如果發現英文及數學兩科的答錯題數大於「最大容錯題數」，則意謂這兩科仍是準備不足。因模擬考的出題方式及難度不見得與學測完全相同，你可自行下載歷屆學測考古題，按照規定時間實際測驗看看，以便進一步瞭解自己目前的程度及有待加強的科目。

最大容錯題數的運用

當然不同程度的學生，所設定希望達到的分數不同，推估出來的各科「最大容錯題數」也不盡相同。當你估算出各科的「最大容錯題數」後，在考試時，該如何運用呢？

例如小珊在考前估算出自己在數學科只能錯八題。她在應試時，發現有六題沒把握，有四題完全不會。如果胡亂猜題，可能十題全部猜錯，這樣答錯的題數就會大於「最大容錯題數」，導致自己的數學級分低於期望值。是故小珊必須在十題中至少答對兩題，這樣即使其他八題全部答錯，錯誤題數仍剛好等於「最大容錯題數」，仍能達到原先設定的級分數。

計算「最大容錯題數」或許會讓你備感壓力，但請將壓力轉化為動力。在考前，請務必先弄清楚自己應加強準備哪些方面？應往什麼目標持續努力？有了明確的方向及目標，才容易在考試中脫穎而出！

呂老師私房經驗分享

在聯考的年代，並非採行目前學測的級分制，而是將每一科的得分加總起來，以總分的高低決定錄取的校系。我當時在考前就先預估自己各科可能的分數，並評估以此分數能否考進我的理想科系。這個作法有效刺激我在考前用功讀書，也激勵我在應試時全力以赴。

想考上理想高中，國中會考每科只能錯幾題？

第11招：請根據以往高中錄取結果，推估自己所需會考積分，再估算每科的「最大容錯題數」

國中會考成績的重要性

在本節裡，我們要討論如何考上明星高中及理想志願高中。

目前升高中制度雖已改為免試入學，但仍需經過國中會考這一關。國中會考的成績會經過換算得出「會考積分」，再加上在校的「多元學習表現積分」與填志願的「志願序積分」，根據上述三者總分做為申請高中入學的依據。因大部分同學的「多元學習表現積分」與「志願序積分」差距不會太大，所以決定錄取何校的最關鍵因素仍是會考的績分。因此想考上理想高中，一定不能忽略國中會考成績的重要性。

沒時間的超強考試秘訣

為了幫助你考上心目中理想的高中，建議的「超智慧高分考試術」第十一招是：請根據各明星高中以往的錄取結果，推估自己所需的會考積分，再估算出每科的「最大容錯題數」。

一般而言，若你的升學目標是建中，你的會考積分可能需達到34．8分；若你想進入北一女，會考積分則需達到34．6分以上。

計算會考最大容錯題數

1. 決定自己的理想高中
2. 推估上榜所需會考總積分
3. 估算各科所需積分
4. 換算各科所需原始分數
5. 推估會考各科最大容錯題數

當然每一屆的考題難度不盡相同，所需積分也會隨之改變。我們先以上述內容為例說明。

依基北區考試規定，會考五科：國文、數學、英文、社會、自然之分數分為七級：A^{++}級是七分，A^{+}級是六分，A級是五分，B^{++}級是四分，B^{+}級是三分，B級是兩分，C級是一分。而寫作測驗成績共分六級：第六級是一分，第五級是0.8分，第四級是0.6分，第三級是0.4分，第二級是0.2分，第一級是0.1分。

考生如想錄取建中，必須在會考的五科中，有四科考A^{++}及一科考A^{+}，如此共計可得三十四分，且作文至少需達第五級分，才能讓總積分達到34.8分以上。

同樣地，志在錄取北一女的學生，也必須在會考五科中有四科考A^{++}及一科考A^{+}，如此一共可得三十四分，且作文至少需拿到第四級分，才可使總積分達到34.6分以上。

會考最大容錯題數之計算

以下我們舉小智為例。

小智在校成績優異，很有機會考上建中。在會考的五科當中，他的數學較弱，其他四科均很強，因此如果他的會考國文、英文、社會、自然四科都能考到A^{++}，數學能考到A^{+}，且作文拿到第五級分的話，考上建中就是十拿九穩。

接著再上網查一下，若想在國文、社會、自然三科都達到A^{++}，則上述各科的「最大容錯題數」約在四題、兩題、兩題以內。

在英文科方面，若想達到A^{++}，則加權分數約需達到九十四分以上，其中英文閱讀之佔分比為百分之八十，而聽力之佔分比為百分之二十。假設聽力測驗全對，則會考閱讀的部分僅能錯一題。

再來考量數學科，如果要拿到A^{+}，加權分數約需達到八十八分以上，其中非選擇題佔分比為百分之十五，選擇題佔分比為百分之八十五。假設非選擇題全對，則選擇題僅能錯三題。

對小智而言，國文、社會、自然、英文、數學各科的「最大容錯題數」分別是：四題、兩題、兩題、一題、三題。這就是小智努力的目標，如能順利達成，即可考上建中。

每個人的強勢科目與弱勢科目都不一樣，規劃出的得分方式亦各不相同。如果你是以其他學校為目標，也請運用類似方法估算出自己的各科「最大容錯題數」。在考前先瞭解「最大容錯題數」的「考試密碼」，可用來督促自己更加用功讀書，也會激勵自己盡力在會考中爭取最好的表現！

呂老師私房經驗分享

所謂失之毫釐，差之千里。在目前的升高中制度下，想進入明星高中的考生勢必得「題題計較」，務求錯最少的題目，以拿到最高的會考積分。

這對考生來說壓力頗大，不過也可視為是一種訓練及挑戰。在高科技的工程領域中，任何失誤及差錯都是不被容許的。自學生時代就養成細心謹慎的好習慣，未來在職場上才容易發光發熱！

在考前想有效提高自己的分數，該怎麼做？

第12招：請一定要做「考情分析」，找尋相關報導或上網蒐集資料，徹底掌握考題趨勢

考前的「考情分析」

考場如戰場。考試未必要如戰爭般拼得你死我活，但是在許多層面上，考試的想法及概念與戰爭有相近之處。

在戰爭開打前，我方一定會竭盡全力蒐集敵方的各項情報，包括對方的兵力、武器、戰略及戰術等。而在考試前，不管你要參加會考、學測、指考、統測或國家考試等，你

也應該要積極蒐集「情報」，先行通盤瞭解各項考試的相關規定、出題方向及配分變化等，務求可以知己知彼，才能制敵機先、穩操勝算。

雖然在考前，你因專心致力於認真複習，可能無暇顧及進行「考情分析」，只全然依賴學校老師及補習班提供的資訊。但呂老師還是建議你，請花些時間自行確認大考詳情，這樣才不至於因資訊不足而誤了大事。

沒時間的超強考試秘訣

為了有效拉高考試分數，不管你是即將參加大考，或是隔一陣子才要上場應戰，建議的「超智慧高分考試術」第十二招是：請積極蒐集考試相關資訊，找尋報紙報導或上網蒐集資料，徹底做好「考情分析」，務必確實掌握考題變化趨勢及命題方向。

每一次大考過後，包括會考、學測、指考等，各大報章媒體會立即就今年的試題進行報導，並廣邀學校老師或補教名師分析命題狀況。這些老師都具有多年豐富的教學經驗及輔導考生的心得，所以能切中要點地指出下列事項：

- 出了哪些以往沒見過的題目
- 哪些題目對考生而言是相對困難的
- 題型上有哪些變化
- 配分上與往年有何不同
- 命題趨勢有何改變

同時有些媒體會訪問考生，請他們說出認為今年有哪些是「怪題」？哪些是好玩的題目？也會請考生抒發心得，指出哪些是難以順利解答的題目。

另外在大考結束一段時間後，有些老師會針對各科進行更深入的分析，包括各冊佔分比

考情分析

例、跨冊命題比例、跨科命題比例、生活類及時事類命題比例等。這些資訊對考生也有莫大的助益。

考前蒐集「考情」的方法

無論是老師的評論或考生的分享，都是重要的資訊，考生要特別留心蒐集。那麼該如何蒐集這些資料呢？建議你採用以下的方法：

- 上網蒐集考試相關資訊。因考前時間緊迫，可找一些好友分工合作，例如一人分頭負責一科，可大幅節省上網時間。
- 到大型公立圖書館或學校圖書館翻閱舊報紙，將相關考試新聞影印下來。其實你只需找上次大考那幾天的報紙即可，應該不至於耗費太多時間。如果真的很忙，可請家人代勞。

● 如果考前時間真的不夠，先找出去年大考的資訊即可。若時間充裕，請找出近三年的考試新聞與命題分析。

● 要參加指考的同學，一定要仔細分析學測的命題方向及趨勢。因為指考與學測是在同一年度舉行，雖然考試範圍不同，但仍具有相當程度的關聯性。瞭解學測的命題走向，仍有助於你準備指考。

● 倘若你還不是國三或高三學生，距離未來的會考、學測、指考還有相當長的時日，我還是會建議你從低年級就開始蒐集「考情」，因為越早做考前的「考情分析」，對讀書方向的調整就會越有幫助。

或許你學會這一招後，會感嘆：要是早點知道，該有多好！

雖然你現在才知道，但只要尚未考試，趕緊將這一招派上用場都還不遲！

請別只顧著埋頭苦讀，先瞭解要考些什麼再讀，才是考高分的捷徑！

呂老師私房經驗分享

雖然我已經不用再參加會考、學測、指考，但我仍習慣在每年的大考後，看看各大媒體介紹的考後分析及考生心得。這可幫助我調整教學方向，也可讓我瞭解目前的考生狀況。

身為學校老師，我當然不贊成學生只為考試而讀書。但在大考當前、時間緊迫之下，你有必要以最短的準備時間、最有效率的讀書方式，以追求最高的大考分數。所以我會鼓勵你，在平時是為了獲得知識而學習，但在考前就需運用最有效的準備方法，以衝高自己的成績。

如果考前時間緊迫，還要去看考場嗎？

第13招：一定要看考場！如果能坐在指定座位上熟悉環境更好

我要不要抽空去看考場？

上一節提到的「考情分析」，除了包括考試規定、出題方向、配分方式、命題趨勢外，考場環境的瞭解也是不可或缺的一環。

考生在參加重要考試時，絕大多數都是在全然陌生的環境下應試。身處陌生的環境裡容易感到緊張，這是人類的天性。為了避免因緊張而無法充分發揮自己原有的實力，當然要想盡辦法排除考試當天的緊張感。

所有的大型考試都會開放一段時間，讓考生有機會看考場。有些人非常用功，為了爭取最後的衝刺時間，選擇放棄看考場的機會；也有些人只是去考場「逛逛」，或是藉此機會與同學哈拉聊天。

其實這些考生沒有預想到的是——未能把握機會熟悉考場，將會直接影響到他們考試當天的表現。

看考場的注意事項

在考前，你不僅該去看考場，

並且要仔細地看，重要項目包括：

- 要知道從家裡到考場的交通方式及所需時間，切勿在考試當天遲到。
- 要知道從考場大門到應試教室的行進動線，避免當天因找不到教室而慌亂。
- 要知道考場廁所及飲水機的位置，方便自己當天使用。
- 要知道保健室及試務中心的位置，以防不時之需。
- 要知道休息區及中午用餐的位置，以便自己適時休息充電。

當你瞭解以上事項時，即已掌握了有關試場的重要資訊。

沒時間的超強考試秘訣

看考場時，除了蒐集上述資訊外，建議的「超智慧高分考試術」第十三招是：除了仔細觀察自己要坐的座位，還要盡可能熟悉考場教室的環境。你可以實際走進那間教室，或是在教室外「模擬」考試當天的情景。

各項考試對於看考場的規定不足而一，請考生事先參照主辦單位的公告說明。可分為以下兩種狀況：

Ⓐ 考場可允許考生進入教室

你可堂而皇之走進教室，找到自己的座位，並坐在位子上，感受一下桌子的大小及椅子的位置。請在你的座位上坐個幾分鐘，讓自己更為熟悉周遭環境，同時在腦中假想一下自己當天寫考卷的狀況及解題的情境。

Ⓑ 考場不允許考生進入教室

遇到這種情況，請你參照座位表，先找到自己的座位，然後站在教室外，模擬自己已經坐在位子上，想像著自己正在寫考卷的模樣。可能是寫得眉飛色舞，也可能是絞盡腦汁在解題。透過假想的方式，讓自己能逐漸適應考場的氣氛。

看考場時，切記不要只看到教室大門就離開。如果可進入教室，請一定要實際坐在自己的座位上一段時間；如果不能進入教室，則請在腦中模擬自己坐在規定座位上的情形。這樣將有助於你舒緩考試當天緊張的情緒，得以充分發揮自己正常的實力！

呂老師私房經驗分享

每次大考前，我都會仔細看考場，並留在考場中一段時間，假想自己正在考試，讓自己儘量能融入考場的氛圍裡，並確實蒐集試場中的「考情資訊」。

看考場的時候，也可注意室內採光及陽光入射的角度，或許上午及下午感受會有所不同。若能在心裡先有所準備，將可把環境對考試當天表現的影響降至最低。

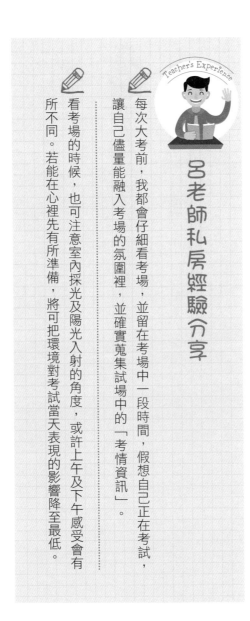

考前需要提前準備必要物品嗎？

第14招：請詳列清單，提前備妥考試當天之必要物品

小偵探柯南的破案裝備

考生在考場中破解難題，而小偵探柯南在各類犯罪事件中也幫毛利小五郎叔叔破解懸案。

柯南有過人的聰明才智及敏銳的觀察能力，還有許多可用來幫助破案的裝備，例如：可變聲的蝴蝶結領結、使對方沉睡的手錶型麻醉槍等。柯南利用這些高科技產品及裝備，屢屢化險為夷，逐一解開連警方都束手無策的難題。

雖然考生在應試時，沒有辦法使出像柯南擁有的各式神奇裝備，但是提前備妥考場中需要的物品，也是幫助自己考出好成績的關鍵。

沒時間的超強考試秘訣

為了能在考場中淋漓盡致地發揮自己的實力，建議的「超智慧高分考試術」第十四招是：請詳列清單，提前備妥考試當天所需的必要物品，避免因準備疏漏而影響考試結果。

考試當天需要準備哪些物品呢？可分為兩大類，第一類是考試必須用品，第二類是考試輔助用品。分別說明如下：

Ⓐ 第一類的考試必須用品

- 准考證（會考、統測及國家考試用）
- 考試通知（學測及指考用）

- 身分證及有照片的健保卡（學測及指考用）
- 兩吋照片一張（補辦准考證用）
- 2B鉛筆數支
- 橡皮擦兩個
- 黑色原子筆數支
- 修正帶或修正液
- 透明墊板
- 直尺
- 無計算功能的手錶，並解除鬧鈴功能

因考試規定改變，學測及指考均不再發放准考證，而以「考試通知」取代。「考試通知」是考試前寄發給考生的應考資訊，包含考生姓名、應試號碼、身分證字號、考區、試場、考試日程及注意事項等。**考生於考試當天需攜帶身分證正本或健保卡正本以供身分查驗**。需特別注意的是：學生證、無照片的健保卡、證件影本都屬於無效證件，請絕對不要帶錯證件。

B 第二類的考試輔助用品

- 考前總複習筆記（考前大補丸）
- 衛生紙、手帕
- 簡易藥品
- 悠遊卡、車票
- 錢包、零錢
- 飲料、食物
- 手機
- 暖暖包及禦寒衣物
- 你個人的護身符或吉祥物

在《高效率省力讀書術》一書中，我曾教你自製「考前大補丸」——考前總複習筆記。大考當天，你可以利用中場休息時間，趕緊拿出來猛K。所謂「臨陣磨槍、不利也光」，說不定真的會讓你多得好幾分。

因學測在一月份舉行，有時寒流來襲，考生的表現難免會受到影響。請特別留意避免感冒，在考前備妥禦寒衣物、暖暖包等。

此外要特別提醒的是：每年都有不少考生違反考場規定，大部分是忘了將手機放在教室前後。請有攜帶手機的考生一定要關機，且務必將手機放置在教室前後規定的空間裡。

請在考前詳列清單，確實備妥以上物

考前物品準備方法

1. 列出考試必帶物品清單
2. 提前準備各式物品
3. 考前一日再次檢查
4. 帶齊所有物品上場考試

品。雖然我們在現實生活中無法成為破案專家柯南，但說不定可當考場中的柯南，漂亮破解大小難題、克敵致勝！

呂老師私房經驗分享

在大考前，我習慣列出一張考試當天必備用品的清單，再按表準備。應考的前一天晚上，我也會再次檢查，以防遺漏重要物品。

大考當天，我都僅吃簡單的、自己平時吃慣的食物，也僅喝必要的飲料或開水，同時特別留意食物及飲料的衛生。一來避免自己吃太飽，導致昏昏欲睡而影響作答；二來也避免因喝太多水會想上廁所，或吃了不乾淨的食物而肚子痛，干擾了應試當天的身心狀況。

PART 3

沒時間現代考生的「考前讀書篇」

考試總是會為考生帶來各種身心靈上的壓力。
在考前，究竟該如何提高效率、適當紓壓？
就請翻開這一章吧！

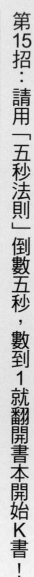

如果在考前不太想唸書時，我該怎麼辦？

第15招：請用「五秒法則」倒數五秒，數到1就翻開書本開始K書！

不想讀書的念頭

我讀書不喜歡臨時抱佛腳，因為擔心會來不及唸完，無法做好充分的準備。然而，很多學生習慣拖到最後一刻才唸書，彷彿越早開始讀書，就是對不起自己，就是剝奪了自己休息及玩樂的時間。

人的心理很奇怪，明明時間已經相當緊迫，很可能沒辦法把書唸完，但是考試日期越是逼近，你就會越不想K書。這是因為人類的天性本就是好逸惡勞。當你面臨越難達成的事情，自然會越想要逃避。

如何讓自己不要逃避，能夠堅持到最後一刻，勇於面對考試的挑戰呢？

接下來介紹一個「五秒法則」。

神奇的五秒法則

梅爾．羅賓斯（Mel Robbins）在她的《五秒法則》一書裡介紹了這個想法。作者梅爾是個職業婦女，不僅事業陷入危機，婚姻方面也出現摩擦，甚至財務上還差點破產，似乎集所有倒楣事於一身。梅爾因生活上的失意潦倒，養成了嚴重的賴床習慣，藉此逃避清醒時需面對的種種人生問題。

有一天，她在電視上看到火箭發射前的倒數計時：5、4、3、2、1！她心想，自己也應該要像火箭一般直衝雲霄。第二天，鬧鐘響後，她試著倒數五秒，竟然可以立刻起床。第三天，她再嘗試倒數五秒，沒想到她這次又成功了！

自從她發現了這個神奇的「五秒法則」後，就開始積極運用在生活中的每一件事情上。凡是遇到原本不想做的事，就要求自己倒數五秒，在數到1的當下就直接付諸行動。持之以恆一段時間，她從原本悲觀消極的個性，轉變成為一位樂觀積極的婦女，可以勇敢地面對生活中的各種困境。先前的問題終於一一解決，她又重新過著幸福快樂的日子。

沒時間的超強考試秘訣

當你在考前面臨準備時間不足，要唸的書又很多，萌生不想讀書的念頭時，建議的

「超智慧高分考試術」第十五招是：自己倒數五秒，數到1時，一鼓作氣直接翻開書本開始猛K。

這種倒數的過程好比一種自我催眠，告訴自己只能再昏睡五秒，五秒後要立即清醒過來；也如同是一種宣示儀式，告訴自己最多只能再休息五秒，五秒後要立刻開始讀書。

這個「五秒法則」也是一種「後設認知」式的學習。「後設認知」意指對自己的認知過程的思考，包括記憶、感知、聯想、學習等項目。藉由這個方法，可以掌握自己的意念及心智，達到有效學習之目的。

我會建議你這樣運用「五秒法則」：

- 碰到自己不太想唸書的時候，倒數5-4-3-2-1，數到1時，就開始用功讀書。
- 碰到自己不太想做考古題時，倒數5-4-3-2-1，數到1時，就開始做考古題。
- 碰到自己不太想背的內容時，倒數5-4-3-2-1，數到1時，就開始努力背誦。
- 碰到自己不太喜歡的科目時，倒數5-4-3-2-1，數到1時，就開始認真研讀。

萬事起頭難。沒有第一步，就沒有成功攻頂的第一萬步；沒有翻開課本，就永遠無法讀完該讀的範圍。下次不想唸書或不情願起床時，請試試倒數5、4、3、2、1的「五秒法則」吧！

呂老師私房經驗分享

我在考前很少有不想讀書的狀況，因為心裡急著想快點把書讀完，所以哪裡還會有閒工夫發呆，或者東想西想其他與考試無關的事。

我也很少賴床，因為一睜開眼，就有很多事要做。我習慣早睡早起，有良好的睡眠品質，身心都充飽電，所以一覺醒來就會自動起床。

如果在考前缺乏讀書動力，我該怎麼辦？

第16招：請拿出白紙寫下目標志願，貼在牆壁上！

增進你讀書的動力

有的人在考前分秒必爭、孜孜不倦地認真讀書，有的人在考前卻是無精打采，絲毫提不起勁唸書。

為什麼有這麼大的差別呢？

這是因為前者非常明瞭這次考試對他個人的重要性，所以願意全力以赴，一分一秒都不鬆懈；後者卻不願正視考試對他個人的意義及價值，所以對讀書這件事漫不經心，只想敷衍了事而已。

究竟該如何有效增進自己的讀書動力呢？

美國加州多明尼克大學（Dominican University of California）心理學教授蓋兒．馬修（Gail Matthews）博士提出一個想法，可供你做為參考。他指出：如果你可以將自己的目標清楚寫下來，你真的實現那件事情的機率就能提高42％。

沒時間的超強考試秘訣

如果覺得自己在考前有讀書動力不足的問題，建議的「超智慧高分考試術」第十六招是：請拿出白紙，清楚寫下自己想考上的志願學校與科系，然後貼在牆上，每天反覆告訴自己一定要考上該學校與科系。

在寫出你的目標志願的時候，可以選擇比自己目前程度更好一些的學校及科系，但是避免選擇與自己目前成績差距太大者，因為如果太好高騖遠，只會平添自己的壓力，卻無法有效激勵自己努力讀書。

當你看見牆上的志願，會覺得自己猶如已跑了九十五公尺，再堅持一下，撐住多跑個五公尺，就能衝過百米競賽的終點了。以這樣的方式自我激勵，會產生額外的動力，驅使自己趕快去讀書，不會再賴床了。

另一個「強化版」招式也頗為有用。你可以在

閒暇時，到你心目中的志願學校走走，在校園裡感受那所學校的氛圍。若是距離太遠不克前往，就上網瀏覽該校的網頁，然後將校門的照片貼在牆壁上。每當你不太想讀書時，請閉上眼睛，想像自己已成為該校學生，正在那所學校的校園內快樂學習的模樣。為了實現自己的心願，能夠真的進入那所學校就讀，你自然而然就會產生足夠的讀書動力了。

下次當你覺得缺乏讀書動力時，請試試此節介紹的方法，將你的志願學校及科系貼在觸目可見、伸手可及之處，以時時刻刻提醒自己要堅持到底，甚至進一步親身至該校感受校園內的氛圍，這都有助於重新啟動你拚命K書的開關。

呂老師私房經驗分享

在某次受邀演講中，有一位老師告訴我一個故事：他們學校裡有個成績還算不錯的學生，某次參加校外活動，驚覺其他學校的學生怎麼實力那麼強？回來以後立刻發憤圖強，結果考出非常亮麗的成績，讓學校老師驚訝不已。

讀書的動力是需要刺激的，沒有適當的刺激，就不會持續地進步。

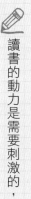

在考前總是會特別想出去玩，怎麼辦？

第17招：請用「棉花糖理論」鼓勵自己！

棉花糖理論

即使大考在即，許多人卻按捺不住自己心中想出去玩玩走走的念頭，無法真的定下心來專心唸書。此種狀況在一般考生身上頗為常見，也是人在承受一定程度的壓力時會產生的自然反應。

雖說這是人類的自然反應，但現實狀況是：讀書都來不及了，哪裡還有時間可以恣意揮霍？

究竟該如何克制自己想玩樂的念頭呢？此時只能靠你的理智做出正確判斷。

在此要介紹一個「延遲享樂」的概念，係由兩位外國作者喬辛．迪．波沙達及愛倫．辛格（Joachim de Posada 及 Ellen Singer）所提出。他們共同撰寫了一本書《先別急著吃棉花糖》，書中介紹在史丹佛大學所做的一項實驗。

在這項實驗裡，研究人員找來一群孩子，分給每人一塊棉花糖，然後給予兩個選擇。第一個選擇是孩子可以立刻吃掉那塊糖，第二個選擇是如果有人願意等待十五分鐘，先不把糖吃掉的話，就能再多得一塊棉花糖作為獎勵。研究人員發現，那些願意多忍耐十五分鐘以換取獎勵的孩子，當他們長大成人之後，其成就明顯高於那些立刻吃掉棉花糖的孩子們。

這個棉花糖實驗，衍生出一個「延遲享樂」的概念，也就是——**未來的成功，並非單單取決於過去的表現，更重要的是此刻是否願意付出**。只要現在先別急著享受眼前的快樂，很可能你今天所做的選擇，會在明天帶給自己更豐碩的回饋！

當你有一塊棉花糖，立刻大口吞下它，雖然當下你會感覺些許愉悅，但是這種快樂的心情不會持續很久。但倘若你能忍耐到最後，再品嚐那塊棉花糖的話，就會獲得加倍的喜悅及滿足。

沒時間的超強考試秘訣

當你在大考前，覺得無法壓抑自己的玩心時，建議的「超智慧高分考試術」第十七招是：請鼓勵自己要延遲享樂，告訴自己考完後會玩得更盡興。

其實考試不僅是用來評估考生平常的用功程度，也是對個人自制力的一種考驗。心猿意馬、定性不夠的人無法專

看起來好好吃喔！
我要馬上吃掉！
先忍耐一下，
等一下再吃好了！

心唸書，無法自我克制，往往讀書成效不彰；反之，善於自制、自省的人，會不斷告訴自己再忍耐一下，鞭策自己再多讀一點，這樣的人便能在考場上盡展實力。他們選擇在考完後，再來心無旁騖地大玩特玩，真正享受到延遲享樂的甜蜜滋味。

所以聰明如你，要選擇在考前心有顧慮地小小玩樂，還是選擇在考後無憂無慮地大玩一場呢？

呂老師私房經驗分享

- 我在考前會為自己設定一個目標，例如：考得不錯就去吃頓學生級的大餐，或來趟小旅行，當成送給自己的獎勵。為了獲得這個獎勵，我總會努力用功準備。
- 運用這種自我獎勵的方式，無形中壓抑了自己想玩的心。關於玩樂的事，就留待考完再盡情去想吧！

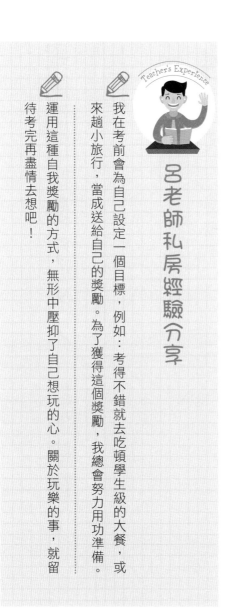

我是個很容易分心的人，該怎麼辦？

第18招：你需要擁有媲美棒球投手的「隧道視野」！

陳偉殷的隧道視野

你一定聽過陳偉殷吧！他以快速球及滑球變化球而聞名，因此被挖角進入美國大聯盟職業棒球隊，成為台灣之光。透過轉播，台灣觀眾可以見到他站在美國球場投手丘上的英姿，看他展現出神入化的高超控球技巧。

一場棒球比賽，觀眾人數動輒數以萬計。在這麼多觀眾的熱情加油下或喧嘩吵鬧聲中，一位優秀的投手必須一方面承受巨大的比賽壓力，另一方面還要不受四周環境干擾，這確實有賴於超乎常人的專注力與抗壓性。

想成為一位優秀的投手，必須接受一種稱為「隧道視野」的特殊訓練。雖然在實際狀況下，白色的棒球是在光亮的球場中快速移動，但是投手必須假想自己是身處漆黑的隧道內，完全無視於周遭的人事物。投手眼裡唯一所見的是一個白色光點在黑暗中運動，並隨著光點的移動軌跡，在第一時間做出立即性的反應。

沒時間的超強考試秘訣

容易分心的你，必須成為考場上的陳偉殷！建議的「超智慧高分考試術」第十八招是：要擁有媲美棒球投手的「隧道視野」！當你選定最重要又緊急的考試後，請全心全意專注於自己的願望。

你應該運用如棒球投手般的「隧道視野」技巧，緊盯住這唯一的一件事，如同在黑暗隧道裡凝視棒球的白色光點一般。你要盡可能無視於其他雜事的存在，心無旁騖地去做最大的努力與最好的準備。

在有限的時間裡，專心一意地唸書，才能讓你以更快的速度讀完該讀的書。一旦分心，即使花費再多時間，亦是事倍功半，甚至徒勞無功。

專心是提升閱讀速度及強化記憶能力的不二法門，會讓你有如神助，會幫你有效突破過去的學習障礙與分數門檻。

請記住：對於時間已經不夠用的你，一次只能做好一件事情，那就是最重要的那一件！

呂老師私房經驗分享

我雖非棒球高手，但也頗能領略「隧道視野」的概念。在求學階段，面對大大小小的眾多考試，我當時唯一心心念念的就是如何讀完該項考試該讀的書，如何考出優異的成績！

或許你對我是如何辦到的感到好奇，其實我自己也不太清楚，但我深刻體會到——如果你心中強烈地希望實現某個願望、做好某一件事情，自然會投注所有心力及資源在該件事情上。只要意念夠強烈，一定會心想事成！

如果在考前有很多雜事要做，我該做嗎？

第19招：花些時間處理完雜事，別讓自己再為這些小事煩心！

排除考前的身體狀況

在大考前，不少人心理的壓力會反映在身體上，出現某些不適的症狀，例如：

- 頭很痛，但不知原因為何。
- 有點噁心想吐，或許有點感冒。
- 肚子有些疼痛，可能吃壞肚子。
- 有點咳嗽流鼻水，可能冷氣太涼。

若有上述情形，不管你多用功，都建議你先去醫院就診，聽聽醫生的意見。因為考試需要大量腦力及體力，若是考試當天身體不適，勢必會讓自己的考試表現大打折扣。

即使事後證明你其實沒事，但能聽到醫生的診斷還是比較安心，不至於分心擔憂自己的身體狀況。

沒時間的超強考試秘訣

有的人身體狀況或許不錯，但心裡總是掛念著一些小事。對於這些考生，建議

我有好多事情想做，該怎麼辦？
我想去買衣服！
我想剪頭髮！
我想去逛街！
我想去聽音樂會！

的「超智慧高分考試術」第十九招是：請花點時間，先做自己想做的事情吧！讓自己別再為這些小事及雜事煩心，也去除不想讀書的藉口。

哪些事情是考生在考前會想做的呢？例如：

- 有的人在考前很想去剪個頭髮，讓自己清爽些。
- 有的人在考前很想去看場電影。
- 有的人在考前很想和朋友或同學聚一聚。
- 有的人在考前很想拍一套漂亮的畢業照。
- 有的人在考前很想去逛逛街。

無論你想做的事情有幾件，請你儘量在半天之內處理完畢。如果非做不可，就向自己告假半天，去完成所有想做的事。處理完這些事情後，你會覺得心情豁然開朗，不再有所牽掛，終能靜下心來讀書。

將煩心的小事一併清除，你才能專心一致地拚命複習，最後在考場上盡情發揮實力，考出超乎原本預期的好成績！

呂老師私房經驗分享

當我的學生感覺心情煩躁時，我會讓他們在白紙上列出心煩的小事，然後花點時間去處理。當他們處理完畢之後，再一一將那些小事劃掉，原本的莫名煩惱也會隨之消失無蹤。

但要注意，請把小事情集中在一段時間內處理，切勿想到就做，才不會導致讀書時間分散。維持最佳的讀書效率是考生必須做到的事。

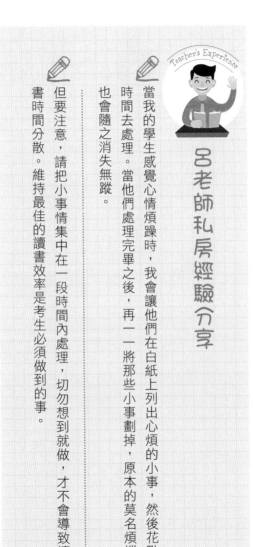

如何在考前準備時，提升自己的讀書效率？

第20招：請善用「大時間做大事，小時間做小事」法則！

倚天屠龍記的張無忌

前幾節傳授的很多「招數」，你都學會了嗎？

其實，這些「招數」都是基本概念。我與班上的高材生聊天時，發現這些高材生會不約而同地運用與我類似的方法。這意味在讀書考試方面，存有一些共通的方法與捷徑，只是你之前不曾留意罷了。

若你去請教學校裡的老師，說不定他們在求學階段也曾應用與我類似的「高招」呢！

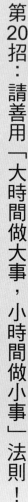

《倚天屠龍記》的張無忌為了維護武當門派，決定勤練師尊張三豐傳授給他的太極劍法。

張三豐問：「你記住了嗎？」，張無忌答：「記住了八成！」

張三豐說：「不行，再練！」

之後，張三豐又問：「你記住了嗎？」，張無忌答：「我全記住了！」

張三豐說：「不行，再練！」張無忌很是訝異。

又過了一陣子，張三豐續問：「你記住了嗎？」，張無忌答：「我忘了四成！」

張三豐露出微笑：「很好，再練！」

經過長時間的練習，張三豐問：「你記住了嗎？」，張無忌答：「我全忘記了！」

張三豐終於點頭：「很好，你已經苦練成功了！」

練就功夫的最高境界是「無招勝有招」。當你確實瞭解了本書的心法與概念後，你無須拘泥於各種招數，將其內化於日常生活裡，自由運用你本身覺得最得心應手的方法，即可在考場上克敵致勝。

大時間與小時間

我在《高效率省力讀書術》一書中介紹過「讀書總成果」的公式：

讀書總成果＝讀書總時間×讀書效率

一般來說，我們可將時間分為兩大類，一類是「大時間」，另一類是「小時間」。分別說明如下：

- **大時間** 連續的長時間。在該時段裡，不會隨時受到干擾或打斷。
- **小時間** 不連續的短時間。在該時段裡，可能會隨時受到干擾或打斷。

山有高低，
人有胖瘦，
時間有大小！
大時間做大事
小時間做小事
我要善用
大小時間！

對於時間極為有限的考生而言，他們也同樣擁有以上兩種時段。正因為他們比一般人更有必要善用時間，所以更要清楚區分這兩種時段，然後妥善安排各時段應做之事，以提升各時段的讀書效率。

一般學生會有的大時間及小時間如下：

- **大時間**　晨起後的複習時間、回到家後的晚上時間、學校裡的自習課、假日裡的整天讀書時間等。
- **小時間**　通勤時間、下課時間、吃飯前後的時間、補習前後的時間等。

沒時間的超強考試秘訣

為了善用各大、小時間，並充分發揮各時段的效應，建議的「超智慧高分考試術」第二十招是：大時間要做大事，小時間要做小事！

你已經瞭解大、小時間的區別，那麼何謂大事?何謂小事呢?再說明如下：

- **大事**　意指需深入理解、連續思考、繁複整理及反覆練習的事。
- **小事**　意指僅需翻閱、短暫判斷、簡單處理及零星記憶的事。

根據上述原則，你就明白在大時間中，應該做國文與英文的閱讀測驗、數學及理化公式的推導、理科計算題的練習、精華筆記的整理等等。

而在小時間裡，你應做例如英文單字的背誦、片語的複習、考卷的訂正、史地的簡單記憶等等。

至於應該在何種時段做考古題呢？如果時間充裕，最好能依照正式考試的時間模式來作答。不過，因歷年考古題加起來數量驚人，為了能以考前的有限時間適當「消化」完這些考古題，建議你對於文科的簡單選擇題，可在小時間裡練習。至於理科的選擇題及計算題，還有國文與英文的閱讀測驗，都應在大時間裡練習。

切記：不可在大時間裡做小事，或在小時間中做大事！

如果你把彌足珍貴的一整個晚上的大時間用來背英文單字，或是把兩堂課間的下課休息的小時間用來練習數學考古題的計算題，這都是大、小時間的錯誤應用。

你應該在大時間裡做需要深入閱讀與思考的事，在小時間裡做簡單記憶及處理的事，這樣才能真正提升大、小時間區的讀書效率，將大、小時間的讀書成效發揮到淋漓盡致。

老是覺得時間不夠用的考生們，請謹記下面兩句話：

- **大時間要珍惜，小時間要善用！**
- **大時間做大事，小時間做小事！**

瞭解並徹底實踐這兩句話，你就會成為考場中的武林高手！

呂老師私房經驗分享

在求學階段，我就已經深刻明白善用小時間的重要。即使是片刻的空檔，我也會想辦法唸點書，或做點與準備考試有關的事，這個習慣對我產生了莫大的助益。

我也教我的學生要善用時間及做好時間管理，特別是要分辨大、小事，及區隔使用大、小時間，這樣才能享受快樂的學生生活。

要如何「對付」那些很難記住的科目？

第21招：利用早上的時間來K書！

如何記住難記的內容

許多人會抱怨，考試內容怎麼這麼難？怎麼都記不住、記不熟、記不牢？

也有很多人埋怨自己整天感覺昏昏沉沉，一直頭昏腦脹。

頭腦不清楚時，確實很難牢記該記得的考試內容。其實，要讓頭腦變清楚的方法極其簡單，只需睡飽即可。

但是你可能會質疑，平時讀書時間已經不夠用了，如何找出空檔能好好睡飽呢？

沒時間的超強考試秘訣

為了在時間緊迫的狀況下，能以有效率的方式記住難記的內容，建議的「超智慧高分考試術」第二十一招是：請暫時保留難記的部分，找一晚好好睡個覺。睡飽後醒來的當天早上，請利用清醒的頭腦加緊猛K。

建議你依照以下作法「處理」難記的考試內容：

❶先將要記憶的內容簡單分類

對於一些比較有賴記憶的科目，請先針對要記的內容進行簡單分類。先大致區分為

兩類，例如容易記憶類及困難記憶類即可。

❷在感覺略微昏沉時，先讀容易記憶的內容

即使在你感覺頭腦有些昏沉時，仍不可隨意浪費寶貴的時間。你應善用這段時間，先記住那些容易記憶的內容。對於那些較為艱澀難記的部分，請先暫時保留，不用強迫自己馬上記住。

❸找一天晚上好好睡飽

然後找個隔天無須早起的日子，例如週五或週六夜晚，可讓自己好好補眠；或是在沒有安排補習的那個晚上，早些上床就寢。暫時先將考試拋諸腦後，無憂無慮地睡一場好覺，為腦袋充飽電力。

❹第二天睡飽後，把握機會猛K難記的內容

補足睡眠後，會覺得精神百倍、充滿活力。此時腦力充沛，也是記憶力及理解力最強的時刻，請趕緊拿出那些平時覺得很難記住的內容猛K，便可以達到事半功倍之效。

在考前，光是望著書本發呆或發愁，是絕對沒有用的。真的覺得自己記不住或腦力不堪負荷時，建議先起身動動、稍事休息，或是早點上床就寢，明天起床再接再厲。睡眠是大腦最好的補藥，睡飽覺一定能助你順利「攻克」那些難記的內容。

呂老師私房經驗分享

我有一個親戚的小孩，他不習慣早起讀書，問他原因，他說他都起不來。再問他起不來的原因，他答說是每天都太晚睡了。

想要早起，就必須在正常時間上床睡覺，不要因沉迷手機及網路，而熬到半夜才去睡。

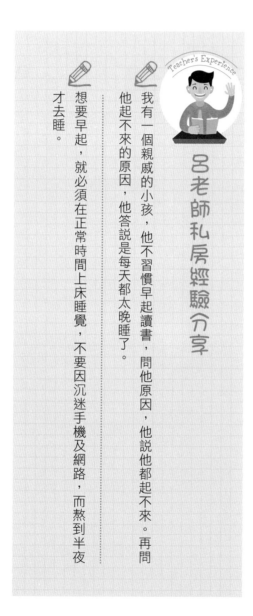

如何增進自己的讀書成就感？

第22招：請用「劃格消去法」，並給自己一些小獎勵！

給予自己獎勵的「糖果」

在你依照我前幾節的建議去實踐後，你的讀書效率應會明顯提高，也應會有效增進你的實力。

但因要讀的書仍是很多，你總會覺得不知何年何月才能把書唸完。自己好像是埋在書堆裡，真正讀完書的日子彷彿遙遙無期。

讀書計畫像是一位隱形的老師，不斷催促你趕快去讀書。但在漫長的準備時間裡，我們也需要一些獎勵的「糖果」，讓自己可適當補充能量，也暫時獲得身心的舒緩，然後再繼續奮鬥，為下一科做最好的準備。

沒時間的超強考試秘訣

為了讓你在讀書告一段落後，可汲取實質或精神上的「補充包」，建議的「超智慧高分考試術」第二十二招是：請用「劃格消去法」讓自己有成就感，並適當地給自己一些小獎勵。

該如何實際運用這一招呢？請參考下列說明：

❶ 請用「劃格消去法」增加自己讀書的成就感

例如某一科總共要考十課，你可在白紙上劃出兩排一至十的格子，每讀完一課，即劃去第一排的一個格子。讀了三課，即劃掉三個格子。如此你會發現所剩下的格子越來越少，就會越讀越起勁，越有讀完書的成就感。

在讀第二次總複習時，也是每讀完一課，即刪去第二排的一個格子。如果那一課你已經相當熟悉，便能直接刪除，以節省寶貴的時間。如此格子劃完了，就代表該讀的書也順利讀完了。

若是針對會考、學測、指考等大型升學考試，你可以設定成以冊為單位。例如某科要考六冊，你就劃一至六，共六個格子。每讀完一冊，你就劃去一個格子。六個格子都劃完了，書也就都讀完了。

❷每讀完一個段落，給自己一個小點心

許多人在準備考試時，喜歡吃甜食，因為據說可以緩解緊張的情緒。我並不建議你

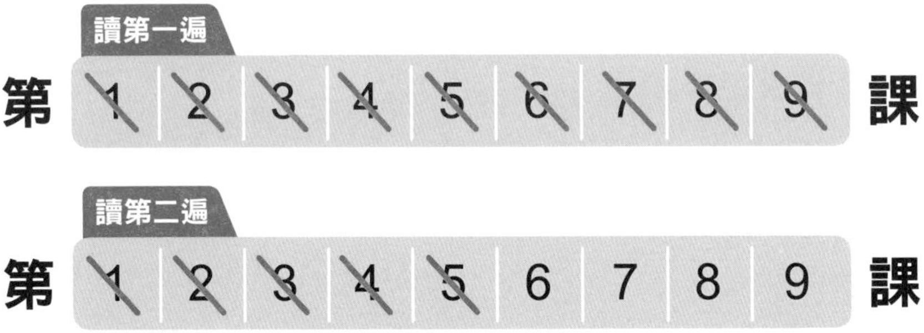

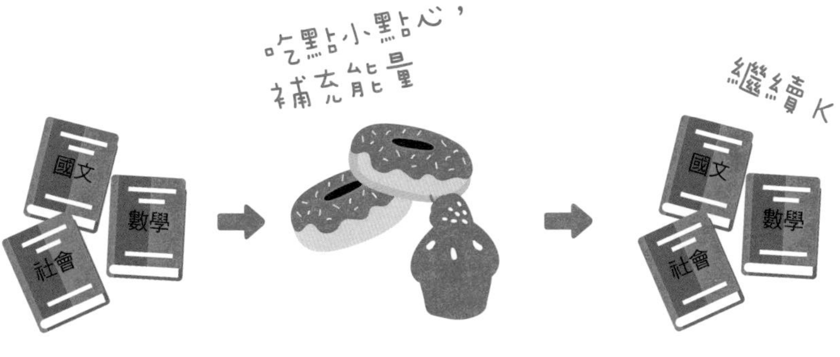

在讀書時吃過多甜食，以免造成身體的額外負擔。但倘若你真的很喜歡吃甜食的話，不妨利用自己的這個「小弱點」，作為認真讀書的誘因。

例如，只要你這一天如期達成讀書進度要求，就讓自己吃一小塊餅乾，或吃一小片巧克力，作為達成進度的獎勵。反之，沒有達成時，就處罰自己當天不能吃任何甜食。如此「賞罰分明」下，會提高自己讀書的興趣及動力。

③每達成一個讀書進度，讓自己做些喜歡的休閒娛樂

如果你不太喜歡吃甜食，可以每當達到一個讀書進度目標時，就讓自己放鬆一下，聽音樂、追劇、上網、打電玩等等，讓這些休閒娛樂成為你讀完書的獎勵。但請注意休息時間不可過長，一般以三十分鐘為限。休息過後，要趕緊回來繼續唸書。

倘若你沒有適時達成進度，當然就沒有以上的獎勵。這樣你就會為了獲得獎勵，而更認真讀書。

馬兒會為了掛在眼前的胡蘿蔔而不斷努力往前奔馳，人也是一樣，會為了獲得自己

想要的獎勵而持續努力。各位正在與考試奮戰的考生，請找出你需要的「胡蘿蔔」究竟為何，為自己提供讀書的動力。

讀書考試是場耐力戰，也是場心理戰。適當地建立自己的成就感，也適時給自己鼓勵，才能順利跑到終點，並成為考場中的贏家！

呂老師私房經驗分享

我在準備大考時，也會想出一些自我鼓勵的方法。例如達成當週預定進度後，會「賞」給自己一塊好吃的蛋糕；或順利複習完某一冊課本時，會讓自己放鬆一小段時間看看電視。

小點心、小娛樂會讓你在煩悶的準備過程中，獲得些許調劑。人是很奇怪的動物，本來你覺得唸書很煩，但給了自己一些小獎勵後，讀書就會變得有趣。

在考前複習時，要怎麼讓自己靜下心K書？

第23招：無論再忙，也要簡單整理自己的書桌及書房

沒時間考生的超級混亂書桌

在本章最後一節，想談談許多「沒時間考生」常見的一個通病。

考生們在大考前，常將全數心力用來「對付」考試，以致疏忽了周遭事物，這是可以理解的。

固然這是人之常情，有時卻會直接影響你的讀書效率。許多人習慣將尚未讀完的書本及講義全部堆在書桌上，學校老師發得越多，桌上的東西就疊得越高。表面上狀似很

用功，因你幾乎已經把自己埋在書堆裡，但實際上未必如此。

還有一些人沒有養成整理書桌的習慣，總是將各式各樣的參考書、筆記本、考古題等，雜亂無章地堆放在書桌上。因為實在太亂了，你常常找不到該K的書，更遑論熟悉那些書的內容。

爸媽整天叫你去收拾書房、書桌，你都推說沒時間。但對你而言，這樣真的沒關係嗎？

超級混亂書桌的負面影響

這樣超級混亂的書桌會帶給你什麼樣的影響呢？讓我們來瞧瞧：

- 雜亂的書桌會讓你覺得非常緊張，並且會越來越緊張。
- 雜亂的書房會讓你的思緒很混亂，並且會越來越混亂。
- 雜亂的書桌會讓你覺得很難專心，並且會越來越分心。

●雜亂的環境會讓你覺得不想唸書，並且會越來越不想唸。

若想避免以上的狀況，我們勢必要設法「拯救」自己的書桌及書房。

沒時間的超強考試秘訣

為了讓你在考前能靜下心來、好好唸書，建議的「超智慧高分考試術」第二十三招是：再忙也要在讀完書後，簡單整理自己的書桌及書房。

我知道考生的時間很寶貴，所以不會要求你天天大掃除，但是請你起碼簡

整潔的書桌及書房

雜亂的書桌及書房

單地這樣做：

- 每讀完一科，就將該科相關教材整齊地放回固定位置。
- 在書架上，要將不同考試科目的教材分門別類地放置及整理。
- 在書房裡，於可能的情況下，請搬走所有會讓你分心的物品，包括電腦與電視。
- 在唸書時，書桌上請儘量只放一本現在要讀的書，並移除所有與該科無關的物品。

自古以來，人們都相信有灶神，灶神能保佑一家人的富足與平安。現代的考生，對於「桌神」的說法未必會買單。但是，擁有一張乾淨又整齊的書桌，確實是你讀好書的保證。

每天讀完書之後，將書桌及書房簡單地整理一下，不會佔用你太多時間的。整理書桌及書房，有助於安定自己煩躁的心，也會讓你找到讀完書、考高分的捷徑。

呂老師私房經驗分享

無論是過去求學階段或現在擔任教職，我都習慣在每天讀完書或工作結束後，順手將自己的書桌整理乾淨。雜亂的書桌在無形中會嚴重影響自己的思緒，讓我無法靜心思考，甚至導致判斷錯誤。

我常常會請大學研究室裡的學生整理他們的書桌，因為一到學校就看見一張亂七八糟的書桌，會破壞讀書與研究的好心情，也無法立即進入讀書或工作狀態。請你試著整理自己的書桌及書房，你將會發現：整潔有序的環境，會激發出你前所未有的讀書熱情與鬥志！

PART 4

沒時間現代考生的「考試技巧篇」

人說考場如戰場，一不留神，分數就沒了！
爾虞我詐的並非身旁的考生，而是試卷上的ABCD！
讓呂老師教你如何強化裝備，上場應戰吧！

如何避免填錯電腦閱卷的答案卡？

第24招：先將答案寫在題號前，每完成五題，再將答案謄入答案卡

最讓考生懊惱不已的事

如果你問考生，考試時最讓人悔恨與懊惱的是什麼事？可能很多人會回答：「粗心填錯了答案卡」。明明自己會寫，也選了正確的答案，但是填答案卡時卻填錯了位置，以致痛失原本唾手可得的分數，難怪會讓人懊惱不已。

目前的升學考試及大型考試中，為了供電腦快速閱卷，所以舉凡會考、學測或指考、統測等重要考試，題型設計大多以選擇題為主。選擇題的答案必須填在答案卡上，雖然

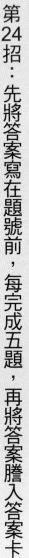

在校內或各式模擬考中，學生已有多次練習劃答案卡的經驗，但每年大考仍不乏考生填錯答案卡的狀況，讓這些人多年的辛苦努力功虧一簣。

讓我們來瞭解一下，為什麼會劃錯答案卡呢？

- 許多考生在作答時，習慣先將答案寫在題號前，等全數作答完畢後，再將答案謄寫至答案卡上。但有時因作答時間控制不當，以致來不及將答案全數劃入答案卡。
- 有些考生一時粗心填錯一格，導致後面的答案全部跟著填錯。
- 有些考生習慣做一題就填一格，但遇

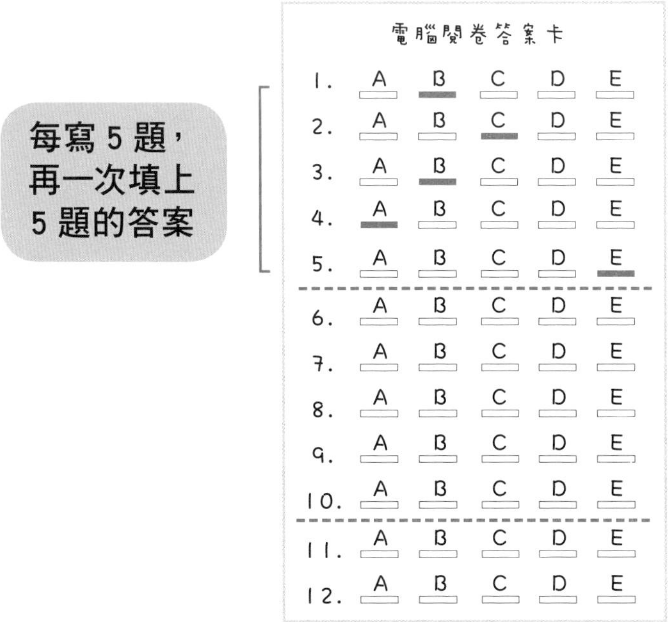

到不會的題目要先跳過時，卻忘記該空一格，以致後面的答案連帶全部填錯。

沒時間的超強考試秘訣

為了避免填錯答案卡，建議的「超智慧高分考試術」第二十四招是：填答案卡時，請先將答案寫在題號前，每完成五題，再將那五個答案謄入答案卡中，以五的倍數畫記答案卡。

運用此法填寫答案卡的好處如下：

- 因為一次填入五個答案，可節省填答案卡的時間。
- 填答案卡的題數是五的倍數，所以一旦不小心填錯，可以很容易發現並立即修正，不至於導致整張答案卡都連帶填錯。
- 如果五題中有一題或兩題不會，也較容易注意到該空哪幾格，避免發生忘記空格或空錯格的嚴重錯誤。

請參考上述的方法填寫答案卡。該拿到的分數絕對要手到擒來，切勿因一時粗心，讓煮熟的鴨子飛了，這樣才不至於辜負自己過去長時間的努力用功！

呂老師私房經驗分享

通常遇到不會的題目，我會在題目紙及答案卡的題號前同時做記號。

題目紙上的記號是為了提醒自己之後回頭再次思考，答案卡上的記號則是為了提醒自己暫時空下該格不填。等解出答案並填入後，我會將答案卡上的記號擦掉以保持整潔。

有一年的會考前夕，我應邀到一所學校演講，指導應屆考生這個方法。好多學生及家長立刻抄下筆記，相信確實幫助了許多考生避免填錯答案卡。

如何避免自己因為粗心而犯錯？

第25招：務必把題目及答案中的關鍵字詞畫線或圈起來，以免不小心看錯！

馬馬虎虎的故事

先來說個馬馬虎虎的故事。

相傳宋朝時有位畫家在家中作畫。他先畫了一個虎頭，剛好此時有位朋友登門拜訪，請畫家幫他畫一匹駿馬，於是畫家就順手在虎頭下加畫馬的身體，但這位朋友看了搖搖頭，表示不能接受這幅畫作，結果畫家不得已，只好將那幅畫掛在自己家裡。

後來，畫家的大兒子看到這幅畫，詢問畫中是何種動物，畫家便順口回答那是老虎。有一天，大兒子在打獵時見到一匹馬，但他誤以為是老虎，立刻將它擊斃。結果馬主人上門求償，於是畫家只好賠錢了事。

之後，二兒子也看到那幅畫，詢問畫中的動物是什麼？畫家改口回答那是一匹馬。有一天，二兒子在叢林裡見到一隻老虎，但他誤以為是一匹馬，想縱身躍上馬背騎乘，結果反被老虎咬死，讓畫家傷心欲絕。

因這幅既不像馬、又不像虎的畫

馬馬虎虎

作，不僅導致畫家必須破財賠款，還因此痛失愛子，真是得不償失。這就是成語「馬馬虎虎」的由來。

沒時間的超強考試秘訣

平時做事習慣馬馬虎虎的同學，考試時容易因粗心而失分，不是看錯題目，就是看錯答案，以致原本應當手到擒來的分數無法全數落袋。為了提高得分、避免失分，建議的「超智慧高分考試術」第二十五招是：請在答題時，務必把題目及答案選項中的關鍵文字全部圈選或畫線。

圈選及畫線的注意事項如下：

❶ 請圈畫題目問的「下列何者為是」或「下列何者為非」

有時考生一讀完題目敘述，就急急忙忙顧著選答案，卻沒有注意到題目要選擇的究竟是什麼。例如：題目要求選出錯誤的答案，你卻選擇了正確的答案，那麼即使作答速度再快也沒有意義。

❷請圈畫題目中重要的敘述及條件

這些都是答題的重要線索，圈畫起來會讓自己更清楚解題的方向。

❸請圈畫重要字詞

這些字詞可能出現在題目的敘述中，也可能出現在選擇題的答案裡。這些特定字詞包括：人名、地名、國名、學說名稱、理論名稱、事件名稱等。圈畫之後，會更有利於自己找出答案。

❹請圈畫選擇題中的關鍵差異字詞、數字或符號

所謂關鍵差異字詞，意指有好幾個選項看來頗為類似，但因其中少數字詞、數字、符號的差異，而形成不同的答案。例如選項（A）是X+Y+Z，選項（B）是X+Y+3。乍看之下，兩個選項相當近似，但第二個加號之後不太相同，所以你應將選項（A）的Z及選項（B）的3圈起來，然後再好好思考哪一個才是正確選項。

我相信你一定不希望當個馬虎小姐或是馬虎先生，也不願意考試時因粗心而失分。對考題進行加工，在關鍵處畫圈或畫線，是提醒自己注意的有用小技巧。如果你在意自己的分數，請你務必要善用這一招，並且要好好徹底運用！

呂老師私房經驗分享

當我要判斷一位學生考試時有沒有認真作答，不是看他的答案卷，而是看題目紙。如果他的題目紙上做滿了記號，才算是真正用心在寫考卷。

畫重點的習慣對我幫助極大。就算現在身為教授，當我要準備上課教材或撰寫學術論文時，都是運用這個方法讓自己快速找到重點，直接切入主題。

如果遇到超簡單題目，該「秒殺」解題嗎？

第26招：建議你不要「秒殺」解題，且需特別留意選項(A)的陷阱！

「秒殺」購物及「秒殺」解題

購物網站上若出現超值商品，或是碰到偶像明星舉辦大型演唱會，往往會見到「秒殺」購物或搶票的情形。

在校內的考試，有時老師想讓大家都能拿到基本分數，或許會出一些近似送分的「秒殺」題。這些「秒殺」題通常具有平鋪直述、淺顯易懂的特性，讓一般學生都能輕易答對。

但倘若你在會考、學測、指考等大型升學考試中發現「秒殺」題，我會勸你不要高興得太早，因為如果命題老師真的出了一題送分題，不就等於白出了這一題嗎？

沒時間的超強考試秘訣

在大考中見到狀似可以「秒殺」的題目，建議你要使出「超智慧高分考試術」第二十六招：切勿自以為是，仍應審慎以對。即使題目真的很簡單，還是建議你從頭到尾看完整個題目及答案，別因貪快而誤入命題老師的陷阱。

你雖然可以「秒殺」解題，但如果得不到分數，那「秒殺」的意義又何在？我們要追求的是總分的最大值，而非在乎是幾秒鐘內解完題目。

選項（A）的陷阱

另外，有許多考生在作答時，一見到選項（A）狀似正確答案，即使尚未看完其他選項，就不加思索地直接勾選（A），殊不知選項（A）是命題老師最喜歡安排各式「地雷」及陷阱之處，他們佈下天羅地網，就等著你「自投羅網」。

選項（A）一般來說有什麼陷阱呢？呂老師為你說明如下：

- 選項（A）會「偽裝」成很像正確答案，但其實並非對的選項。
- 選項（A）會寫得與題目的敘述很類似，誘騙你趕緊選它。
- 選項（A）會故意穿插題

目的關鍵字，讓你誤以為那是正確答案。

- 選項（A）會寫得很「直接」或很平易近人，讓你誤認為是一題送分題。

建議你在作答選擇題時，要注意以下幾件事情：

- 請將所有選項全部看完，再圈選答案。
- 見到與題目文字很像的答案，要小心判斷是否為陷阱。
- 見到答案中出現題目的關鍵字，要謹慎分析避免地雷。
- 見到選項（A）寫得很「直接」或很平易近人，別以為老師真的會送分給你。

所謂「兵不厭詐」，請別對「秒殺」送分題期待太高，也別輕易相信很容易就能找到的選項。俗話說「小心駛得萬年船」，答題時切忌太過自負，有時謙虛一點，謹慎一些，才會得到更多的分數！

呂老師私房經驗分享

我本身不愛出秒殺題，因為這對用功讀書的同學來說不公平，也會讓學生誤以為憑藉小聰明就能考出好成績！

在求學時期，我即使遇到狀似很簡單的題目，也不會太快選擇答案。因為簡單的題目往往藏有不易發覺的陷阱，需小心謹慎才能選對答案！

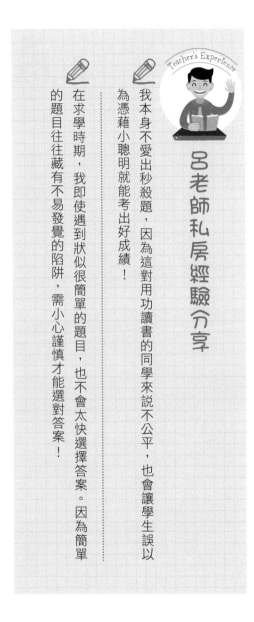

遇到不會的題目或中英文字詞，怎麼辦？

第27招：請給自己緩衝時間思考，並善用考卷資訊找答案

遇到不會的題目

考試時，碰到不會的題目在所難免，因為命題老師會藉由不同難度的題目來鑑別考生的程度。面對不會的考題，你會如何處理呢？

A說：「不會的話，就亂猜呀！」

B說：「不會的話，就放棄呀！」

C說：「不會的話，就留白呀！」

以上三種作法都太消極了！我曾在第二章中說明，想考上理想的大學校系或明星高中，你必須精算各科的「最大容錯題數」。考試中應該「題題必較」，只要多對一題或少扣一分，結果可能就是相差好幾個志願。

沒時間的超強考試秘訣

為了盡可能在考試中拿到最多的分數，建議的「超智慧高分考試術」第二十七招是：請給自己一段緩衝時間，並利用考卷上的資訊來找答案。具體作法說明如下：

● 請利用題幹來找答案

目前的命題趨勢是題幹敘述越來越長，以訓練學生的閱讀能力。這些題幹中或多或少都藏有不同的線索及訊息，請花點時間推敲，找出關鍵字或關鍵句，就可幫助自己找到答案。

●等待解題的靈感

看到某道困難考題時，或許當下會毫無頭緒，不知從何著手破解。請暫時記住該題目，但不必硬要立刻解題；先將考卷上的其他題目寫完，再回頭思索，說不定此時會從其他題目找到解題的靈感——這過程我稱為解題的「熟成」。有時A題可為B題提供解題靈感或線索，利用題目的交互刺激，幫助我們找到解題的途徑。

●參考考卷中的字詞答題

如果有不會寫或不確定的中文或英文字詞，切勿胡亂造字或隨便寫個字搪塞，這樣會讓閱卷老師印象不佳，勢必遭到扣分。碰到這種狀況，請在考卷中搜尋其他合適的字詞替代，或是換成有把握的同義字詞，務求儘量避免遭到扣分。

●請根據前後句推敲字詞意涵

在考卷中見到不認識的英文單字或中文字詞，請先不要亂猜。可暫時保留該題，等寫到其他考題時，說不定會看到相同字詞出現在其他題目中。藉由前後文句的關聯性，推敲出該字詞的意思後，再回頭作答原先不會的題目，就有機會將該題的分數落袋為安。

在考試中，請確實把握住任何可以得分的機會。務必善用考卷上的現成資源，去創造最高的得分。

呂老師私房經驗分享

我當年考大學時，考卷上有個不會的關鍵英文單字；巧妙又幸運地，那個單字竟然出現在其他考題中！於是我仔細推敲前後文，大致猜出那個單字的意思，再回頭作答原本不會的題目，結果真的順利得分。建議你可多運用這一招，幫助自己爭取到最多的分數。

如何在考試中，為自己補充正能量？

第28招：請你在寫考卷時，適時自我給「讚」，為自己加油打氣！

加油打氣的「讚」字

許多人在網路上讀到不錯的文章，會給版主按個「讚」。這個小小的舉動，給予版主善意的鼓勵，也是激勵他繼續撰寫好文章的動力。

參加重要考試，猶如是參加一場馬拉

松競賽。但在這場比賽中，四周沒有替你加油打氣的群眾，你只能堅定意志不斷往前跑，直到鈴聲響起為止。

沒時間的超強考試秘訣

為了讓自己在應考當下也能獲得適當的鼓勵，建議的「超智慧高分考試術」第二十八招是：請你在寫考卷時，在題目紙的空白處適時為自己寫個「讚」，自我加油打氣。為了有效節省寶貴的時間，你可以寫「讚」的注音，或是畫個星號代表鼓勵之意。

什麼時候適合寫「讚」呢？你可以參考下列建議：

- 當你解答了一題佔分比重高的題目的時候
- 當你解答了一題狀似困難題目的時候
- 當你原本忘記，但隨後想起來的時候
- 當你已經解答了大部分題目的時候

在考試中，不需頻繁寫「讚」字，因為這樣可能會導致分心。不過如果覺得自己表現不錯，或是覺得需要一些正能量「加持」，「讚」字就可以適時出現。

請善用「讚」字，幫助你撐到考試結束的最後一刻。當成績公布時，說不定大家都會真的給你一個大大的「讚」字！

呂老師私房經驗分享

考試不僅是測驗你的知識程度，也是對心理與體力的一場試煉。在考場中，最忠實的朋友就是自己，你只能自我「加持」，為自己加油打氣！

面臨一場長時間的考試，當你累了，可以趴在桌上稍事休息。不過休息夠了，記得一定要再挺直腰桿繼續努力，因為考卷還沒寫完耶！

如果在考試中覺得很緊張，該怎麼辦？

第29招：請帶不違反考場規定的小幫手陪你「壯膽」應試，或默數數字讓自己放鬆！

一定會緊張的考生

不管是參加會考、統測、學測、指考、國家考試等，考生都是在平時不熟悉的考場裡應試。當你身處完全陌生的環境，身邊環繞完全陌生的考生，又面對完全陌生的監考老師，緊張感肯定會油然而生。

適當的緊張是一種助力，可讓你更專注於解題；但是過度的緊張則是一種阻力，會導致你驚慌失措、思緒混亂，甚至表現失常。

沒時間的超強考試秘訣

為了避免在考場中感到過分緊張，建議的「超智慧高分考試術」第二十九招是：請帶不違反考場規定的小幫手陪你「壯膽」應試。

哪些物品是適合帶進考場的小幫手呢？例如：

- 家人幫你準備或自己求來的護身符
- 自己最喜歡的文具

- 能帶來好運的小飾物、小布偶或小公仔，但記得要放在教室前後
- 全家福的照片，讓自己感覺全家都在幫你加油
- 可寫一段自我勉勵的話，放在自己的皮夾或包包裡

當你的口袋裡有護身符及全家福照片，桌上有自己喜歡的文具，教室裡又有心愛的布偶陪伴你時，就不會覺得那麼孤單，也不會覺得舉目無親。這樣會讓你逐漸適應考場氣氛，也不會那麼緊張了。

若是你在考前忘記準備小幫手就進入考場，發現自己很緊張時，你也可試試另一種方法，就是：默數數字，從一百倒數至零。數的速度不要太快，慢慢數較能讓自己放輕鬆。當你沒那麼緊張時，即可停止倒數，然後繼續解題。

下次大考時，請試著運用這些招數，你會發現將能有效減輕你的緊張程度。

呂老師私房經驗分享

我在參加大型考試時，不會特意購買或使用新的文具，反而都是攜帶自己平時慣用的文具，如此便可避免發生預期之外的問題。

在應考前，我會在小紙片上寫段自我勉勵的話，然後放進皮夾裡。如果考試中真的很緊張，我就在心裡默唸那段話。唸個幾次後，就能舒緩緊張的情緒，再繼續努力解題！

如何在考場中維持平靜的心，並避免被影響？

第30招：別在考試中場休息時間，及在全部科目考完前查對答案

對答案的時機

有些考生喜歡每考完一科，就找同學對答案；或是在第一天考完後，趕緊買份晚報或是上網查對答案。考完試後，想立即知道自己考得如何，這種心態人人皆有，自是無可厚非。

但是，在全數科目考完前就對答案，會產生什麼後果呢？

基本上有兩種狀況：

❶發現自己的答案正確

如果對了答案，發現自己沒把握的題目都答對或猜對了，分數符合預期或甚至優於預期。這樣固然會很高興，但其實這一科已經交卷，得分已無法改變，而且就算這一科考得不錯，也不能保證下一科可以考得一樣好。

❷發現自己的答案錯誤

反之，如果對了答案，發現自己沒把握的題目都答錯或猜錯了，得分不如預期中理想，你可能會很失望，連帶影響之後的應試心情。但是其實這一科的分數差強人意，不代表下一科不會有出色的表現。

我猜A，你呢？
那題答案你寫什麼？
專心複習
不要去對答案！

沒時間的超強考試秘訣

為了在應試時保持平靜的心情，不管你自覺考得如何，建議的「超智慧高分考試術」第三十招是：請不要在考試中場休息時間，及在全部科目考完前，查對任何科目的答案。

考試的中場休息時間是為了讓你可以略事歇息、調整心情，恢復精神再好整以暇地上場應戰。第一天的考試結束後，因為經過好幾科考試的洗禮，你應該已經精疲力竭，需要好好休息，或者把握最後的時機來複習隔天考試的重點。

如果把中場休息或第一天考完後的時間拿來對答案，即使自認比其他同學考得好，其實也不用太早沾沾自喜，因為正式成績尚未公布。反之，如果發現自己的表現略遜於其他人，其實也無須太早灰心喪氣，因為正式答案猶待揭曉。在全數科目考完之前就對答案，一旦發現自己考得不盡理想，很可能會導致心情低落、喪失自信，甚至會嚴重影響自己其餘科目考試的臨場表現。

總之，盡人事、聽天命，全力應戰即可，分數高低就交給老天爺及閱卷老師們去決定吧！

呂老師私房經驗分享

在大考各科考後的中場休息時間裡，我習慣複習自製的考前總整理資料，而非跟同學一起對答案，也會盡量避免非必要的喧嘩及聊天。一來是為了做最後衝刺，二來是避免因對答案而影響心情。

當你知道自己答錯或猜錯某一題時，產生失望的心情在所難免。在考場中，沒必要自尋煩惱，讓自己提早失望。

PART 5

沒時間現代考生的「解題秘訣篇」

同樣的課綱、同樣的題目卷，
為什麼有些人就是能很快地寫完考卷，而且錯誤率又低？
這個章節，讓呂老師教你如何有效率的解題、提高得分！

在考試中遇到難題時，我該怎麼辦？

第31招：先仔細讀完題目，有時間再回頭解題

遇到難題時的反應

在各類大型考試中，命題老師免不了會出幾道頗具難度的題目。一來是為了有效鑑別考生的真正程度，二來是為了展現命題老師的「功力」，所以你必須先有心理準備，因為考試時遇到困難題目是在所難免的。

針對這些大難題，考生會如何因應呢？一般有以下A、B兩類反應：

Ⓐ 立刻絞盡腦汁認真解題

此類考生擔心如果沒答對這題，會痛失寶貴的分數，所以立即埋頭苦思。

B 直接跳過這題

此類考生稍微瀏覽一下題目後，若判斷無法順利作答，便會選擇迅速跳過。

A類的考生願意與困難題目正面對決，固然精神可嘉，但倘若未能順利解出這道大難題，還白白浪費了不少寶貴的時間，這樣豈不是賠了夫人又折兵？更糟的是還會顯

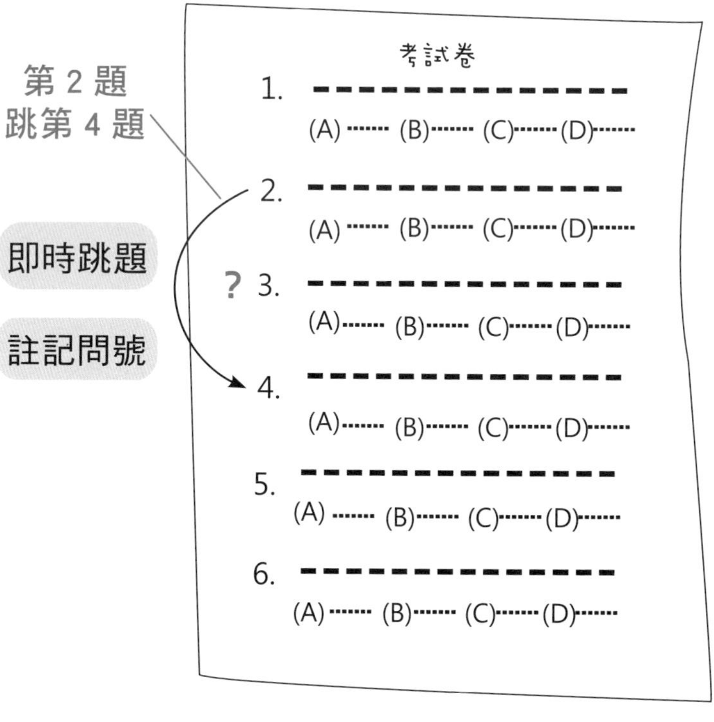

著影響後續解題的心情。

B類的考生的做法其實也不正確，僅是匆匆掃描該題敘述，就無法留下深刻印象。稍後再回頭解題時，又需要重頭再細看一次，仍需耗費不少時間。

沒時間的超強考試秘訣

當你在考場中遇到無法順利作答的難題時，建議的「超智慧高分考試術」第三十一招是：請別執著於苦思這一題，也不要匆匆瞄一眼即跳過。先仔細讀完該題題目，評估是否能在平均解題時間內解決此題，若判斷無法順利解出，即可暫時跳過，等做完其他題目後，再回頭對付這一題。

需跳題時，請在題目紙及答案卡上的該題題號前標註「？」的記號，以提醒自己注意，以免回頭時找不到該題或填錯答案卡。

想爭取高分及考上名校，任何一道大難題都不能輕易放過。有時僅僅差了幾題的分數，能錄取的學校及科系就有如天差地別。請別太快放棄大難題，先暫時跳過，之後再回頭好好「對付」該難題。

呂老師私房經驗分享

- 一般我在寫完一份考卷後，大概就能得知哪幾題是決定勝負的關鍵。我會先確保拿到基本題的分數後，再回頭思索如何解決這些大難題。

- 如果真的遇到很難的題目，百思不得其解時，我也會選擇放棄。與其苦苦追求那一題的分數，不如先確保其他題目的所有分數都能落袋為安。

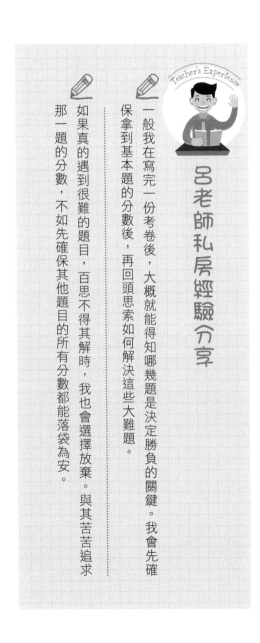

在考題中讀到有趣的敘述時，該如何作答？

第32招：讀到與解題無關的題目敘述時，請大膽用力刪除！

命題老師的誤導術

作答選擇題的時候，一般考生最常運用的是刪去法，先把一些不可能的選項刪掉，猜中正確答案的機率相對就會大大提高。但是除了能把選擇題的某些選項刪掉之外，你知道也能刪除部分題目敘述嗎？也許有人會質疑，真的可以刪除題目敘述嗎？我的答案是肯定的，題目敘述當然可以刪，而且該刪的時候就要用力刪！

命題老師有時候會為了增加考試的趣味性、讓試題更趨生活化，或是讓考生覺得更容易親近考題，會在題目敘述中加上一段故事、一則社會新聞、一首流行歌曲的歌詞等，讓考生看得眼花撩亂。

沒時間的超強考試秘訣

為了能在考試中有效運用寶貴的時間，避免被命題老師誤導，建議的「超智慧高分考試術」第三十二招是：當閱讀到與解題無關的題目敘述時，請在那段你認為是贅述的文字前後加上引號，接著以鉛筆橫除，然後專注閱讀真正與解題有關的敘述就好。

然而，請注意兵不厭詐，命題老師有時

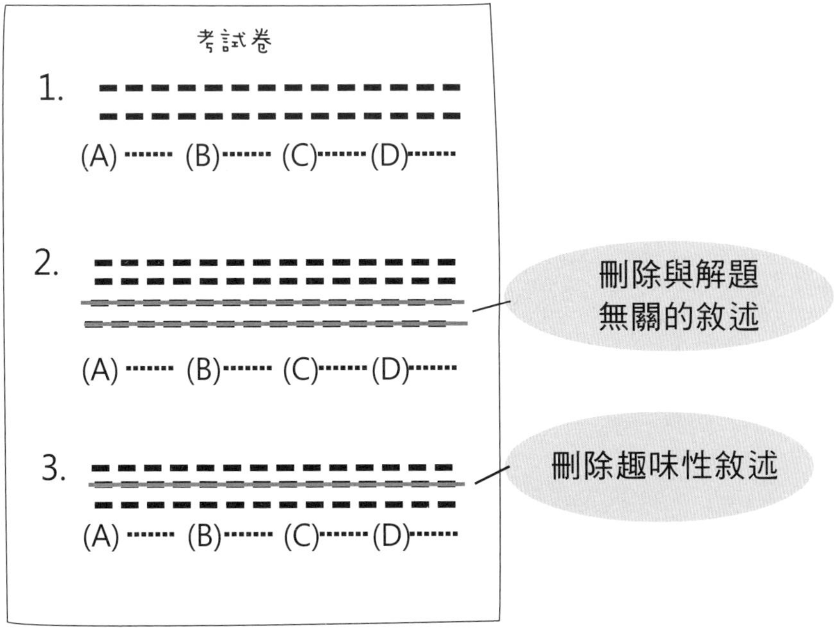

也會技巧性的隱藏線索，那些你以為是「空包彈」的敘述說不定是貨真價實的實彈。

所以，先以鉛筆輕輕槓除那些看起來不重要的敘述即可。一旦發現解題的線索藏在那些被槓除的內容裡，你還是要乖乖回頭細讀那些文字。

呂老師私房經驗分享

考場中的臨機應變非常重要！我在應試時，總會在試題紙上加註許多獨門記號，一來幫助自己思考，二來方便自己回頭檢查。

另外，我也會小心分辨老師精心設計的趣味性敘述是否真的與解題有關。若判斷確實無關，我就會果斷用力刪除。

在國寫及會考中，如何在作文項目拿高分？

第33招：請上網搜尋主辦單位公布的作文佳作，知道老師如何打分數！

作文的計分方式

本書第二章曾提及作文的重要性。在升大學的學測考試中，國寫作文佔了國文學測成績的一半；而在升高中的會考中，作文是單獨一科計分，故其重要性也是不言可喻。

國寫的評分是三級六等制，其計分級距分別是：A^{+}是22～25分，A是18～21分，B^{+}是14～17分，B是10～13分，C^{+}是6～9分，C是1～5分。而會考作文亦分為六級，其級分高低會直接影響考試積分。有時在競爭較為激烈的考區，考生能否進入前幾志願，很可能就是取決於作文積分上的些微差距。

沒時間的超強考試秘訣

想在學測或會考的作文項目拿高分，建議的「超智慧高分考試術」第三十三招是：請上網搜尋考試主辦單位公布的作文佳作，仔細瞭解老師的評分標準，以便在應試時儘量依照老師的評分標準作答。

以下提供國中會考及大學學測的作文佳作搜尋方法：

● **如何下載「大學學測」國寫作文的佳作呢？**

首先進入大考中心的網站（http://www.ceec.edu.tw/），然後在網頁左側第二行尋找「測驗考試」，由「測驗考試」的網頁進入「學科能力測驗」，再於該頁面的上方找到「參考資訊」，接著進入該頁面，在其下方可找到歷屆學測作文佳作，即可進行下載。

● 如何下載「國中會考」的作文佳作呢？

首先進入國中教育會考的網站（https://cap.nace.edu.tw/），在該網頁上方找到「歷屆試題」，然後點選你要查詢的某一年會考試題，進入該頁面後，在其下方可找到「作文樣卷」，便能看到六級分的作文佳作，即可進行下載。

作文得高分的要領

由網路下載大學學測國寫或國中會考的作文佳作後，經過仔細分析，可以參考以下的寫作建議：

❶文章字數要達到一定長度

無論是國寫或會考的作文，得分高的作文絕大部分都是把整張答案卷寫得滿滿的。以會考而言，文章寫得越短，作文級分就越低，由此可知作文長度是影響得分的一大關鍵。

因此最好能寫滿整張考卷，但如有字數限制時，需特別留意。

❷字體工整，字跡清楚

若注意觀察得高分的試卷，你會發現大部分都書寫得很工整，字的顏色夠深，而且字跡清楚。因為閱卷老師都是在電腦上閱卷，如果通篇作文字跡潦草，經掃描後將會模糊不清，平添老師閱卷時的困難度，是故不易獲得高分。

❸段落要分明

將得高分的作文試卷與得低分的試卷相比較，你會發現得高分的試卷通常會區分為四段，頭尾兩段較短，中間兩段較長。而得低分的作文試卷往往分段不清，且段落長短安排不太恰當。

傳統的起、承、轉、合四段式是最保險的寫法。請勿別出心裁，自行發明奇怪的文體。

❹ 文章要內容充實、言之有物

細讀得高分的作文佳作，你會發現大部分的內容都是言之有物，且具有個人獨特見解，不會流於陳腔濫調。

寫作時，不要為了達到一定的篇幅，刻意堆砌大量無意義或不相干的文字。最好能舉出一些推陳出新或不落俗套的點子及想法，讓閱卷老師眼睛為之一亮。但切忌求新求變過了頭，寫些離題太遠、天馬行空的東西，否則恐弄巧成拙。

當你瞭解上述的寫作要訣後，請在模擬考時練習運用這些招數。如果你能從模擬考建立起自信心，很可能在最重要的大考中，作文就會成為助你領先群倫的致勝關鍵。

呂老師私房經驗分享

我在批閱學生的論文時，時常發現有些文章太口語、太多贅字、太多人稱敘述、太多不必要的說明等。建議可多觀摩別人的文章，讓自己的寫作功力更加精進。

我覺得作文不僅是升學考試的一環，更是個人不可或缺的能力之一。在學生時代若能學會寫作文的技巧，終其一生將受用無窮。

即使你將來要攻讀工程領域的科系，作文對你來說還是很重要。沒有足夠的語文基礎及表達能力，縱然有再棒的研究成果，也無法適切地向世人說明及分享。

遇到困難的幾何題目時，我該如何找答案？

第34招：請善用直尺及三角板，以「作圖法」解題

如何解幾何題目

許多考生最怕數學的幾何題目，有時一看到複雜的圖形，就不由得頭昏腦脹，或是直接舉白旗投降。但是你可曾想過，每放棄一題，就等於白白丟掉好幾分，對任何考生都是莫大的損失。

有的考生不想直接放棄，仍有意放手一搏，於是亂猜答案，但其實猜答案是需要講求技巧的。

沒時間的超強考試秘訣

為了有效增加數學科考試的得分，當你遇到幾何難題時，建議的「超智慧高分考試術」第三十四招是：請善用直尺及三角板，以「作圖法」解題。縱使要猜答案，也要等作圖完成後再猜。

如何靈活運用「作圖法」呢？

● **遇到有關線段長度的問題**

如果你無法直接列式求解，這時直尺及三角板就能派上用場了！例如題目問在圖中A點至B、C、D、E點的距離何者最長？最簡單的方式就是拿尺量一量各線段的長度，答案立刻揭曉。對於較複雜的折線圖，這招也一樣管用，將各線段的長度相加，即可知道折線的總長度。

● **遇到有關圖形面積大小的問題**

同樣地，如果你無法解出圖形的面積，也請別輕言放棄。可仿照方格紙的樣式，在所求圖形中畫出許許多多大小一致的小格子，畫完小格子後，再數格子的數目，即可立刻知道何者面積大、何者面積小。

●遇到有關角度大小的問題

如果考場中允許攜帶量角器，當然你直接量角度，就能立即知道答案。

但倘若禁止攜帶量角器又該怎麼辦呢？你可以拿出等腰直角三角形板及股與斜邊為1比2的直角三角形板，或是自己畫出上述兩種三角形。

等腰三角形裡兩腰的角度為45度。而股與斜邊為1比2的直角三角形，兩股的角度為30度與60度，接著將題目所

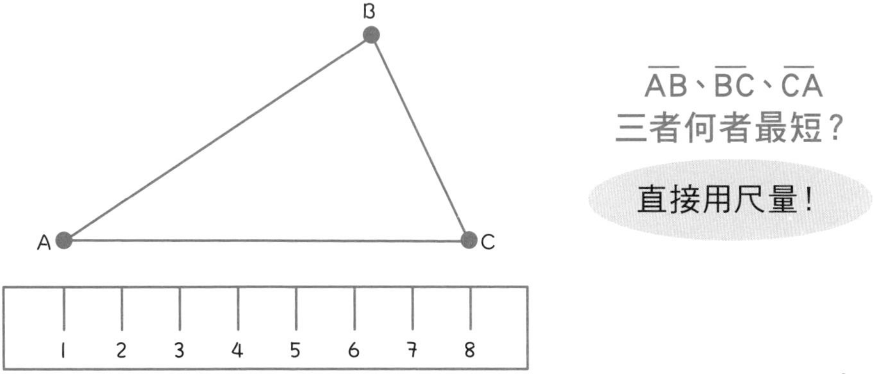
B
A
C
1 2 3 4 5 6 7 8
$\overline{AB}$、$\overline{BC}$、$\overline{CA}$
三者何者最短？
直接用尺量！

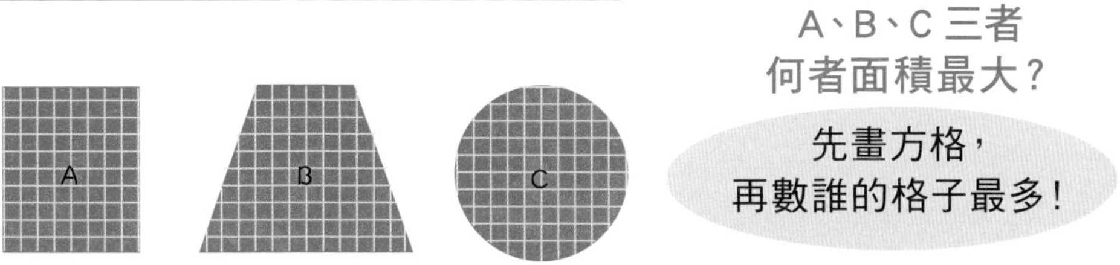
A
B
C
A、B、C 三者
何者面積最大？
先畫方格，
再數誰的格子最多！

問的角度與30度、45度、60度相比較，即可迅速找出正確選項。

若該角度大於90度，就將圖形中的該角先扣除90度後，再與30度、45度、60度相比較，答案便一目了然。

平時練習做考古題時，仍會建議你按部就班，先詳細列式，再逐步求解。因為類似的題目也可能以非選擇題的形式出現，唯有練就基本功，上考場才能從容解題。

本節介紹的這一招等同是偏方，是碰到確實不會解的考題才派上用場的「救命招式」。建議你在考前還是老老實實地學習正統的解題方法，務求打好紮實的數學基礎。

呂老師私房經驗分享

我在解數學題目時，如果時間足夠，通常會嘗試運用不同的方法。第一種是直接列式求解，第二種是間接作圖求解。因為不同的方法可以相互比較，也可增進自己對題型的瞭解。

其實在工程學的實際應用上，有許多複雜的問題，如果想求出真正的數字解，有時必須花很長的時間。利用作圖法或其他方法以求得近似解，是工學院常見的一種便利作法。學會了作圖法，不但能幫你在考試中解題，未來也能幫你解決實際的問題。

遇到理化題目時，有辦法快速解題嗎？

第35招：先畫出「公式圖像」，利用「公式陣仗」解題

如何利用「圖像公式法」解題

在《高效率省力讀書術》一書中，我曾介紹如何化繁為簡，利用簡單的圖像來幫助你迅速記住原本很難記的理化公式。在這一節裡，我們來做個簡單的實際練習。透過圖像法來記憶，不僅可幫助你輕鬆記住公式，更是你上場應試解題的最佳工具。

沒時間的超強考試秘訣

踢足球時，兩隊都會擺出不同的「陣仗」進行攻擊與防守；應考時，你也需擺出能有效對付考題的「陣仗」。建議的「超智慧高分考試術」第三十五招是：只要考題出現相關理化題目，不管是觀念題或計算題，請你不管三七二十一，先畫出公式圖像，再來逐步解題。

我們來舉個例子試試看。這一題是考基本觀念：

依照牛頓第一定律，請問下列何者正確？

(A)質量不變時，施力越小，加速度越大。

(B)質量不變時，施力越大，加速度不變。

(C)施力固定時，質量越小，加速度越小。

(D)施力固定時，質量越大，加速度越小。

假設你是逐行逐字閱讀，保證你看到最後一定是頭昏眼花。此時如果簡單地畫出黃金三角形，立刻可以記起F=m×a（力量＝質量×加速度）的公式。

當施力固定時，質量與加速度成反比，所以質量越大，加速度就越小，是故得知選項（D）為正確答案。

下次見到相關理化考題時，不管是觀念題或是計算題，請你先畫出記憶公式的「圖像陣仗」，即可幫助自己快速解題。

如何運用圖像公式法來對付更複雜的考題，我們將在下一節中詳細介紹。熟悉並善

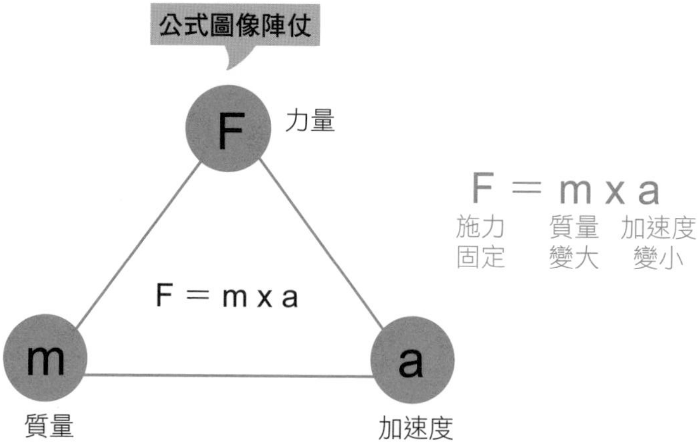

用這些方法，你就可以比別人更快找到答案，也會比別人多破解好幾道難題，甚至成功錄取更棒的學校及科系。

呂老師私房經驗分享

這個圖像公式法是我自創的「獨門絕招」，不僅幫助我在升學考試中快速解題，也幫助我在大學各科考試中無往不利！我在考前會不斷複習自行設計出的公式記憶圖像，直到完全熟悉公式，能順利應用在考試中見招拆招。

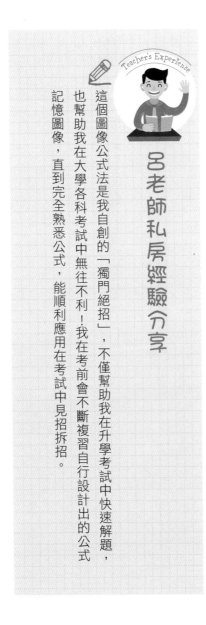

遇到複雜的理化題目時，該如何對付？

第36招：請將題目給的參數全部轉換成符號，再用連環公式圖像法

如何對付困難的理化題目？

理化是國中會考自然科的必考科目，也是學測中選考自然科的同學必須準備的項目之一。努力抓住理化的分數，就可拉高自然科的總分。

在上一節裡，曾教你一見到相關理化題目，就要立刻擺出公式記憶圖像的陣仗，然後見招拆招。假設遇到更複雜的理化題目時，又該如何快速解題呢？

沒時間的超強考試秘訣

一般遇到難題時，光把題目看完可能就耗費不少時間。為了加快解題速度，建議的「超智慧高分考試術」第三十六招是：遇到複雜的題目時，請將題目給的參數全部轉換成符號，再以連環公式圖像迅速加以破解。

我們來舉例說明：

某甲要推動一輛原本靜止的手推車，該車質量為 30 kg，當某甲施加力量為 60 牛頓時，請問以下何者是正確答案？

(A) 該車的加速度為 3 m/s^2。
(B) 十秒以後，該車的速度為 30 m/s。
(C) 十秒以後，該車的動能為 4000 kg・m^2/s^2。
(D) 如果該手推車在平地上行進十秒後，遇到一個斜坡，該推車最高可滑行至離地面 20.4 m 的位置。

遇到類似這樣的複雜問題，建議你採用以下的解題步驟：

● **第一步，先將題目中所有的參數用英文符號標記。**

例如：質量→m，力量→F，時間→t，加速度→a，動能→E，高度→h。標記之後，即能得知何者是已知條件，何者是未知條件。

● **第二步，擺出連環公式圖像的陣仗。**

你可參考《高效率省力讀書術》中曾介紹過的公式圖像法，先畫出適當的公式圖像，再將已知條件代入求解。

❶因牛頓第二運動定律 $F=m\times a$，由題目得知該車質量 m 為 30kg，施力 F 為 60 牛頓（60 kg‧m/s^2），所以可解出加速度 $a=2$ m/s^2。

❷接著套用速度公式 $V_2=V_1+a\times t$，因 $V_1=0$，所以十秒後的 $V_2=20$ m/s。

❸再來看公式圖像中，動能 $E=1/2\times m\times v^2$，故可求得 $E=6000$ kg‧m^2/s^2。

❹最後手推車滑行十秒後，遇到一斜坡，因能量不滅定律，此時手推車的動能將轉成位能，因此動能將等於位能 $E=m\times g\times h$。由上面得知動能為 6000 kg‧m^2/s^2，再由位

能公式得知h=E/m/g。將質量30 kg及重力加速度9.8 kg/s^2 代入上述公式後，求得h=20.4 m。

綜合以上結果，可知選項(D)為正確答案。

凡是遇到複雜的理化題目，請你參考上述方法加以破解，幫助自己搶得高分。只要列出連環陣仗的公式圖形，就如同獲得一把魔法金鑰匙，讓你輕鬆闖關得分！

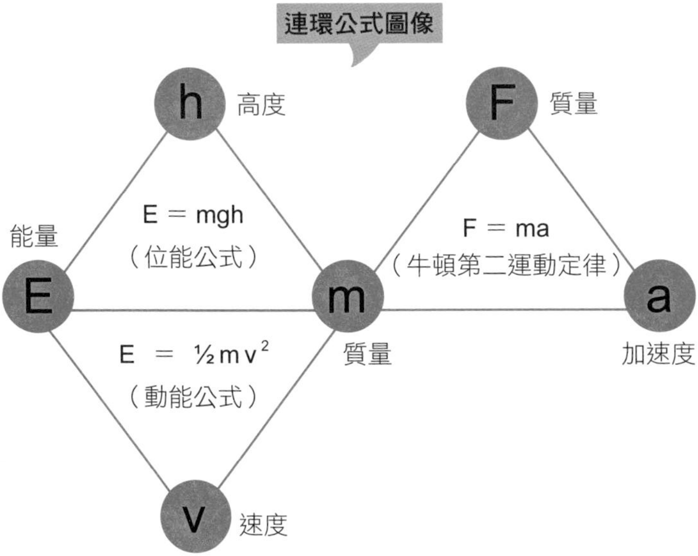

呂老師私房經驗分享

這個將公式圖像化、參數符號化的方法，是個幫助快速記憶的「絕招」。我本身也是受益良多，讓自己以優異的成績從大學畢業。

當你熟悉這一個妙招後，不僅有助於你順利考上好高中及好大學，甚至對你未來在大學及研究所的考試，或者更上一層樓的國家考試，都會產生極大的助益！

在交卷前，如何減少失分，並提高得分？

第37招：作答完畢要仔細檢查，分別進行「初步檢查」及「細部檢查」

如何提高自己的分數？

所有考生都知道，考試成績是取決於大部分的實力及小部分的運氣。實力有賴平時長期培養，而運氣則靠個人造化。當考試將屆，還有什麼方法可有效提高自己的分數呢？

沒時間的超強考試秘訣

為了確保該得的分數都能全數落袋，建議的「超智慧高分考試術」第三十七招是：寫完考卷後要仔細檢查，並妥善區分為「初步檢查」及「細部檢查」兩大步驟。

小時候，老師應該都會提醒你：「寫完考卷後要檢查」，但很可能沒教你應該如何檢查，以及該檢查哪些項目。在這一節裡，呂老師要先介紹「初步檢查」的技巧。

基本上，我們要先檢查四大項目：

❶ 檢查有無「漏題」

首先，請查看答案卷上的空格，是否

初步檢查的四大項目

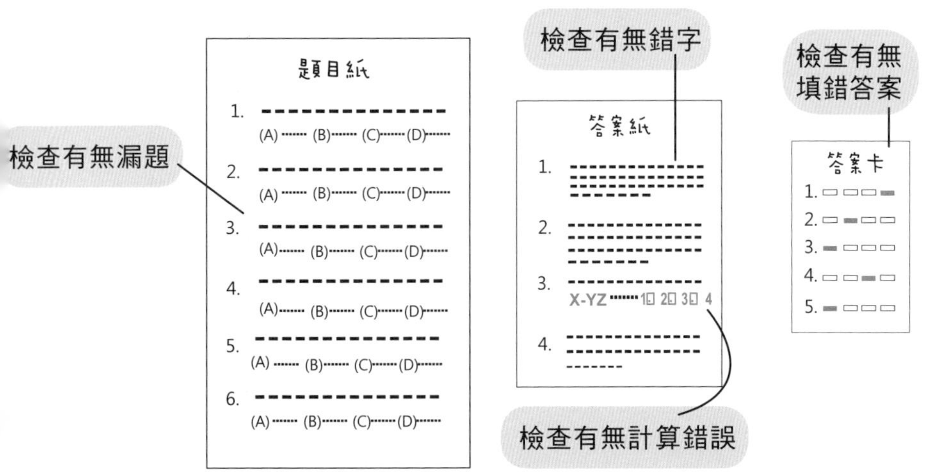

該填寫的都已確實填寫，確保無疏漏之處。

❷檢查有無「填錯答案卡」

填答案卡時，最怕因填錯一格，導致後面的答案連帶填錯。在進行檢查時，不需一一對照，只要每十題抽檢一題即可，例如第十題、第二十題、第三十題、第四十題等，只要確定這幾題的答案都填寫無誤，其他大致上應沒多大問題。

❸檢查有無「錯別字」

在國文作文、國文短文、英文作文等方面，寫錯字都會被扣分。倘若不太確定該字詞是否正確，為了保險起見，請替換成別的字詞。寧可寫一個普普通通的字詞，也不要因為想咬文嚼字、舞文弄墨而寫錯字。

❹檢查有無「計算錯誤」

針對數學及理化的計算題，列式一定要清楚，行與行之間要保持適當行距，數字及符號也要書寫工整。檢查時依照自己的列式步驟，再行逐步驗算確認。

依照上述步驟，即可完成初步檢查的工作。在下一節裡，我們將進一步介紹細部檢查的技巧。藉由這兩種互補的檢查方式，即可有效提高自己的分數。

呂老師私房經驗分享

我有一個台大學生在高中時名列前茅，上了大學後，成績卻一落千丈。我為了幫他找出問題，請他拿寫過的考卷給我看。一看之後，大為驚訝，因為他寫得亂七八糟，根本無從檢查起。後來我建議他用尺作答考卷，成績就突飛猛進了。作答考卷，真的需要用心，也要有技巧！

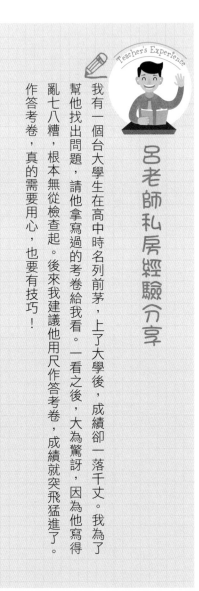

寫完考卷後，如何做好「細部檢查」？

第38招：在題號前加註不同記號，以便安排檢查順序

細部檢查的重要性

或許有人會認為，檢查就是檢查，為何需要這麼多步驟？

請你試著換個方式思考，回答以下的問題：

- 我在檢查時，可每次都找到自己粗心犯錯之處嗎？
- 我在檢查時，可確實發現自己思考的盲點嗎？
- 我在檢查時，可順利解出不會的問題嗎？

● 我在檢查時，可掌握時間，順利完成檢查嗎？

如果就以上的問題，你的答案都是否定的，建議你最好還是參考這兩節所介紹的兩大檢查步驟，分別妥善進行「初步檢查」及「細部檢查」。

「初步檢查」是著重於外觀性的快速檢查，用以排除漏題、填錯答案卡、寫錯字、明顯計算錯誤等狀況。其餘的部分，則需倚賴「細部檢查」。

沒時間的超強考試秘訣

為了有效提高考試分數，建議的「超智慧高分考試術」第三十八招是：請在作答時，依照答題狀況，在題號前加註不同記號，以便做「細部檢查」時能迅速安排檢查順序。

如何一邊作答、一邊做記號呢？

請依照以下的原則：

● 對於自己很有把握的題目，在題號前不做任何記號。

●對於自己不太確定的題目，請在題號前畫個三角形（△）。

●對於完全沒有頭緒的題目，請在題號前畫個問號（？）。

當你完成「初步檢查」，開始要進行「細部檢查」時，檢查步驟建議如下：

❶先檢查畫三角形的題目

因為這些題目，你可能有點懂、又有點不懂，答對的機率也許可以過半，所以建議把握時間，趕緊努力再思索一番，先將這些分數落袋為安才是上策。

題目做記號的技巧

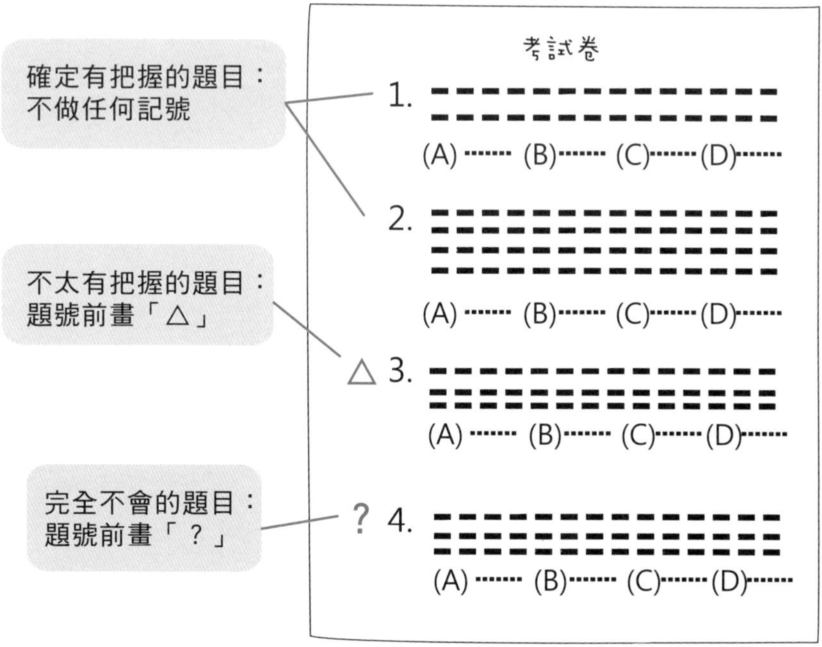

❷再檢查完全不會的題目

第一次看到超級大難題時，可能會有點不知所措；但當你回頭重新再讀一次題目，說不定就能產生新的想法與靈感，或許可以拿到部分分數。

❸最後檢查很有把握的題目

雖然你對這些題目很有把握，但只怕因一時眼花而選錯或填錯答案，所以仍有檢查的必要。不過由於你頗有把握，建議可加快檢查速度，以爭取更多時間。

當「初步檢查」及「細部檢查」都完成了之後，若仍有剩餘時間，請再回頭對付那些大難題。就算僅能解出一部分，亦是不無小補，切勿輕易放棄最後的機會。

調整檢查順序的用意

你可能已經發現，呂老師檢查考卷的順序與你習慣的方式大不相同。這個作法的用意有三：

❶**可以打破閱題盲點**——刻意讓檢查的順序不同於答題的順序，這樣較容易找到粗心的錯誤及思考的盲點。

❷**可以提高得分的機率**——先檢查似懂非懂的題目，才有機會爭取到額外的分數。

❸**可以縮短檢查時間**——因為有把握的題目可以快速掃描通過。

請花點功夫，詳加閱讀這兩節介紹的「初步檢查」及「細部檢查」的內容，幫助自己把該得的分數一網打盡。

如有機會，請在校內模擬考現學現賣，多多練習這一招。到大考那一天，你就可以徹底展現這招的強大威力，讓同學及老師們刮目相看！

呂老師私房經驗分享

我在求學時期也經常因粗心而失分。雖然仍能保持名列前茅，但卻很難拿到最高分，自己也頗感懊惱。後來，我蒐集了過去的考卷，依照不同科目分別製作「粗心失分剪貼簿」，通盤分析粗心犯錯的各式原因。經過一段時日，粗心失分的狀況越來越少，拿到最高分的次數也就越來越多。

有一位老師告訴我，他們學校的一位學生也做了一本個人的「失分剪貼簿」。在大考前反覆複習自己做錯的題目，結果真的考上非常好的學校，可見「英雄所見略同」。你不妨也試試這一招！

PART 6

沒時間現代考生的「面試技巧篇」

對大部分學生來說，
學測的面試算是人生中的初體驗！
面對第一次的面試，有些技巧你一定要知道！

參加面試時，要如何獲得好成績？

第39招：面試前要蒐集考古題，再利用「A4紙對折法」練習！

面試的重要性

國內考試制度經過多年的變革，目前選擇以「個人申請」方式進入大學的人數節節攀升。因此在學測結束後，有越來越多的考生選擇參加面試。而面試成績的好壞，就成了能否進入理想科系的重要關鍵。

在大學裡，可能有各種不同形式的面試：有的是為了甄選學生入學，有的是為了競賽活動，有的則是針對論文內容進行審查。然而無論是何種面試，我發現它們的共通點就是——越能控制緊張情緒的人，就越有機會表現出色。

沒時間的超強考試秘訣

當你好不容易通過了學測甄試門檻，收到面試通知的時候，必定非常興奮；但切勿得意忘形，因為別忘了，還有面試這一關。該如何為面試做準備呢？建議的「超智慧高分考試術」第三十九招是：請在事前蒐集該科系過往的面試題目，再利用「A4紙對折法」列出問題及答案，在家自行練習。

A4 紙對折法

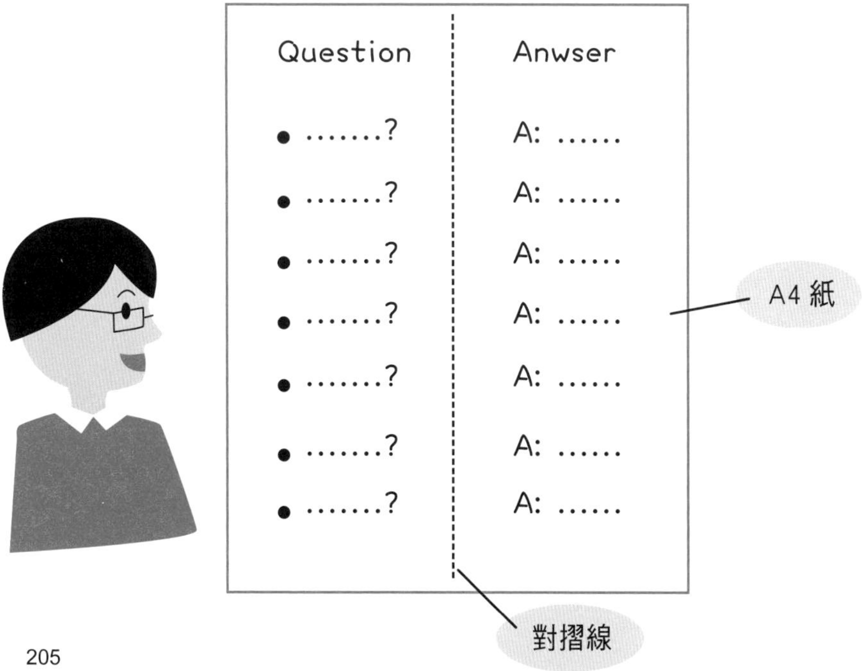

每個科系的特色各不相同，面試中慣常出現的問題也不一樣。請你花點時間上網搜尋，或是請教學校師長，或者該系所的學長，先大致瞭解面試教授們會問的問題方向。

你可以參考在《高效率省力讀書術》裡介紹過的招數，先將A4紙對折，將模擬試題寫在左邊，再將自行思考的答案寫在右邊，接著自問自答進行演練，直到自己可以對答如流。

對於一些經常出現的、幾乎每次必問的考古題，一定要做好充分準備。這些經常出現的考古題包括：

- 你為什麼來報考我們學校？
- 你為什麼來甄試我們科系？
- 你對我們科系的認識有多少？
- 你覺得自己適合這個科系嗎？
- 當你進了這個科系後，求學計畫要如何安排？
- 當你從這個科系畢業後，你的下一步規劃是什麼？

● 未來你想做的工作是什麼？

上面所述的考古題可以適用於任何科系，也是面試教授們愛問的問題。請將這些考古題的答案背得滾瓜爛熟，在面試當天才能氣定神閒、從容不迫地回答問題。筆試需要準備，面試更需要準備，請絕對別忽略了為面試做準備的重要性！

呂老師私房經驗分享

我身為一名教授，經常在面試學生。然而當我提出研究計畫或進行研究專案報告時，也經常必須接受其他專家學者的面試。為求最佳表現，在每一次重要面試前，我都會預作充分準備。

參加面試時，要完全不緊張恐怕很難。但你可以試著放慢說話速度、聲音大一點，這樣可以增強你的自信心，也比較不容易緊張。

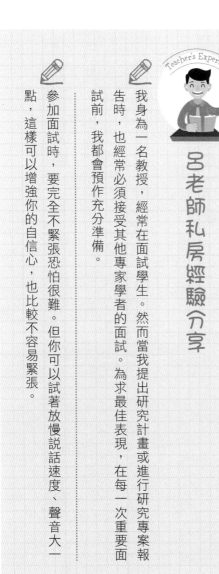

參加面試時，如何讓教授們留下好印象？

第40招：考前先寫好自我介紹內容，對著鏡子反覆練習

面試的第一印象

許多學校在進行入學甄試時，會要求考生做個簡單的自我介紹。這個自我介紹的時間多半不會太長，但其重要性仍不言可喻。其原因如下：

- 這是給應考教授的第一印象。有了良好的第一印象，才容易獲得優異的面試成績。
- 這是在家中可自行反覆練習的項目。只要勤加練習，即有機會替自己加分。
- 這是屬於你一人的獨腳戲時段。若能在一開場，就氣勢十足地大聲介紹完自己，

就比較能順利進入狀況，之後也比較不容易緊張。

沒時間的超強考試秘訣

為了能在面試現場流利順暢地自我介紹，建議的「超智慧高分考試術」第四十招是：請在白紙上寫出自我介紹的內容，請老師或家人修改後，再站在鏡前反覆練習。

許多人都以為自我介紹很

面試練習

簡單，殊不知因面試當天的氣氛使然，你很可能會感受到龐大的壓力，導致一上場講得結結巴巴或詞不達意。所以建議你還是先擬妥稿子，面試當下才能毫不怯場、淋漓盡致地完整介紹自己。

另外，也建議你站在鏡子前反覆練習，一來是檢視自己說話時的表情，二來是把鏡子裡的自己當成應考官，以熟悉在他人面前正經說話的感覺。開始時或許有些不習慣，但是練習幾次後，你會發現這是很有效的方法，你會越練越有自信。

每個學校與科系都希望甄選到充滿自信的優秀學生。你必須先對自己有信心，審查教授等其他人才會對你有信心！

呂老師私房經驗分享

面對鏡子練習說話，是我在建中唸書時無意中想出的招數。當時為了說服同學參與班刊的編輯，我嘗試在家裡站在鏡前反覆練習，假裝自己正在對全班演說。結果真的成功說服了大家，全班一起共同投入班刊的編輯。

那件事情讓我體認到：要先能說服自己，才能成功說服別人。你的自我介紹也是如此！要能先打動自己，才能打動別人！

如何幫助自己從容應付面試？

第41招：請自行佈置模擬考場，面對「模擬應考官」逐一回答問題

人生的第一次面試

對大多數考生而言，即將面對的入學面試可能是生平的第一次面試，其緊張感自然不在話下。對於如何準備面試，往往心裡七上八下、毫無概念。

我人生中的第一次面試雖然已年代久遠，但印象仍十分深刻。那是我前往日本留學，為了爭取獎學金的一次重要面試。當時我剛到日本，人生地不熟，再加上日語說得不甚流利，所以內心頗為惶恐。我很希望自己能順利通過那場面試並取得獎學金，以確保在

日本唸書期間沒有經濟上的後顧之憂。

但是究竟該如何準備呢？我首先想到的就是先前曾介紹過的「A4紙對折法」，一邊寫預測考題，一邊寫自己的答案，然後對著鏡子反覆練習。

接著，有了充分的準備之後，再來就是面試當天面對那麼多應考官及教授的時候，該如何鎮定心神，讓自己不要慌張！

沒時間的超強考試秘訣

為了避免在正式面試現場面對應考官及教授們時，會因慌張而手足無措，建議的「超智慧高分考試術」第四十一招是：請在家中自行佈置一個模擬考場，練習面對「模擬應考官」逐一回答問題。

你可以在書桌上擺列五本書，並在封面夾上五張自己繪製的人臉圖像，將他們假想成五位列席教授。接著想像A教授問你第一個問題，B教授問你第二個問題，依此類推，模擬逐一接受教授們提問的狀況。

你也可以模擬當C教授提出一道很難的問題後，你要如何技巧性地向D教授尋求協助；或者當E教授拋出與你的個人觀點迥異的想法時，你要如何「見招拆招」等。

當年我運用上述的方法，幫助自己順利通過日本獎學金的申請，成功取得重要的留學經濟來源。建議你也不妨一試。

當然，你自行模擬的考場不會與面試現場完全相同，不僅環境不一樣，你也不可能事前得知應試教授的

容貌，及預知當天教授要問你哪些問題。但是，重點在於事前的充分準備與心理建設。事前準備越充分，心理建設越強化，就越不容易緊張，臨場應答也會越有把握！請善用這一招，將能有效幫助你通過面試，順利甄試上理想學校及科系。

呂老師私房經驗分享

應試的緊張感與考前準備程度成反比。考前準備越是充分，臨場就越不容易緊張，越能發揮原有實力。凡有重要的考試，我總會不厭其煩地準備再準備！

若你不想畫教授的圖像，畫其他物品亦可，例如你可以畫西瓜、冬瓜、苦瓜、大白菜、鳳梨等來代替。說不定就是那個「苦瓜」臉教授會助你順利通過面試這一關！

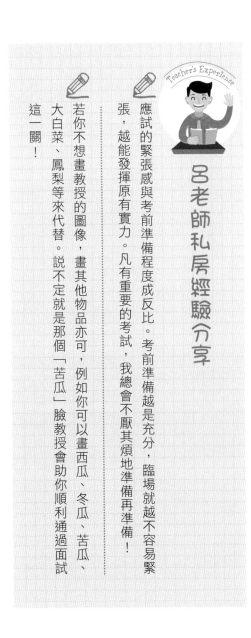

面試當下，被問到意料之外的題目該怎麼辦？

第42招：遇到不會的題目，請儘量爭取時間！若是與教授意見相左，要虛心接受！

遇到難題時的反應

在這本《超智慧高分考試術》一書中，呂老師要教你最後一招，但我希望你最好不會派上用場。不過，倘若真的遇到類似狀況，你的勝敗很可能就是取決於這關鍵的最後一招。

根據我多年參與學生面試測驗的經驗，發現考生在面試時最怕遇到兩種狀況：

- **狀況一：**考生被問到完全不會或毫無準備的題目。遇到這種情形，不少人會直接愣住，或是手足無措，呆坐許久卻一句話也說不出來，讓考場氣氛瞬間凝結。
- **狀況二：**考生回答了應試教授的提問，但其回答與教授的想法相左，有時在一問一答之間產生了爭執，考場瞬間瀰漫凝重氣氛。

沒時間的超強考試秘訣

遇到上述兩種狀況時，你該如何妥善處理呢？建議的「超智慧高分考試術」第四十二招是：遇到不會的問題，請儘量爭取時間；若與教授意見相左，要虛心聆聽教授意見。

針對狀況一，面試時如遇到不會的問題，你可採取下列方式因應：

- 有禮貌地請教授將問題重述一遍。當教授重複提問時，你可利用這個時間思索合適的答案。

●請教授給予一些提示。當然並非每位教授都願意給予提示，但你不妨試著問問看。如果教授願意幫點小忙，你就等同是「賺」到這一題。

●若試場中剛好有白板或黑板，你可先徵求教授同意，然後在白板或黑板上作答。我曾見過許多考生，剛開始雖回答地吞吞吐吐、支支吾吾，不過一旦開始寫黑板，彷彿靈光乍現，就能侃侃而談、對答如流。

若遇到狀況二，你的想法剛好與面試教授相左時，你可採取以下的應對策略：

- 虛心承認自己所學不足或思考不周，並感謝教授的指導。
- 切勿與教授爭執，或堅持己見、自以為是，也萬萬不可惱羞成怒。這些都是考場上的絕對禁忌。
- 請誠實面對，別隨意找個藉口解釋，或是故意逃避問題。

如果你能在面試這一關獲得優異的評價，就大大提高了成功甄試上志願校系的機率；倘若不太理想，其實也無須氣餒，因為你還有指考的另一次機會。雖然尚需多辛苦幾個月讀書，但亦非壞事一樁，因為上大學之後，你現在所學所讀的教材仍能派上用場。多讀一點書，總是對自己有益無害的，況且有了學測的經驗，指考表現應能更上一層樓！

這最後的一招，不僅有助你通過升大學的面試，連未來的研究所面試及求職面試也是一體適用。希望這招能幫助你考上理想大學與研究所，也祝福你在未來能找到理想的工作，盡情發揮自己的實力，實現自己的夢想！

呂老師私房經驗分享

就算身為教授，還是經常會遇到與我們意見相左的專家。這時候，我們仍是秉持虛心向專家請教，然後再查閱資料、加強學習。

面試最重要的是態度。一個態度誠懇，但稍嫌不善言辭的考生，與一個自視甚高又滔滔不絕的考生相互比較，前者更容易獲得教授的青睞與欣賞。請以誠意加上實力，來爭取面試委員對你的肯定！

後記

成績是一時的，能力是一生的

當你從頭至尾讀完這本書，有什麼心得或感想呢？

本書一共介紹了「沒時間的超強考試秘訣」四十二招。可能有些招數，你原本就已瞭解；可能有些招數，你先前從未聽過，但建議你不妨一試；也可能有些招數，你目前暫時用不到，但建議你可以先學會，之後若有機會，自然能派上用場。

當你發現這本書真的幫你考出高分，讓你金榜題名後，請你不吝於大力分享，將這本書廣為介紹給學弟妹，或是周遭任何一位尚在跟考試奮戰的考生。你的分享將能造福他們，助他們早日脫離苦海，繼續大步邁向人生的下一段旅程。

如果你因為讀了這本書，真的順利考上理想校系，我建議你暫時將本書留在書架上。日後當你在準備大學、研究所、證照考試、甚至是國家考試時，如果遇到難以突破的瓶頸，仍可翻出此書，相信將帶給你新的鼓勵及啟發。

倘若你是即將上場應試的考生，你不必一次學會所有招式，請先熟悉你需要的部分即可。然後，請多讀幾次，相信每次都能帶給你不同的領悟。

考試的結果固然重要，但是我覺得更重要的事情是——你在準備考試的過程中，對所學內容的融會貫通，以及思考能力的提升、邏輯觀念的強化，還有藉由本書所學到的處理困難問題的技巧與方法。這些都是將來你立足於社會不可或缺的重要能力。

考試成績是一時的，
個人能力是一生的。
祝福你有超越群倫的考試成績外，
也擁有出類拔萃的實力與能力！

玩藝 71

有讀有保庇，金榜就題名！超智慧高分考試術

百萬人見證！台大教授教你抓住出題熱區，掌握作答技巧，考前衝刺最有效的考試方法

作　　者／呂宗昕
主　　編／汪婷婷
責任編輯／程郁庭
責任企劃／汪婷婷
封面設計／亞樂設計
插　　圖／亞樂設計
內頁排版／潘大智
總 編 輯／周湘琦
董 事 長／趙政岷

出 版 者／時報文化出版企業股份有限公司
10803 台北市和平西路三段二四〇號二樓
發行專線—(02)2306-6842
讀者服務專線—0800-231-705　(02)2304-7103
讀者服務傳真—(02)2304-6858
郵撥—19344724 時報文化出版公司
信箱—10899 臺北華江橋郵局第 99 信箱
時報悅讀網／ http://www.readingtimes.com.tw
電子郵件信箱／ books@readingtimes.com.tw
法律顧問／理律法律事務所　陳長文律師、李念祖律師
印　　刷／勁達印刷有限公司
初版一刷／ 2018 年 8 月 24 日
初版四刷／ 2020 年 2 月 14 日
定　　價／新台幣 320 元
（缺頁或破損的書，請寄回更換）

時報文化出版公司成立於 1975 年，
並於 1999 年股票上櫃公開發行，
於 2008 年脫離中時集團非屬旺中，
以「尊重智慧與創意的文化事業」為信念。

有讀有保庇，金榜就題名！超智慧高分考試術：百萬人見證！台大教授教你抓住出題熱區，掌握作答技巧，考前衝刺最有效的考試方法
/ 呂宗昕著 . -- 初版 . -- 臺北市 : 時報文化 , 2018.08
面；　公分 . --（玩藝）
ISBN 978-957-13-7450-5(平裝)
1. 考試 2. 學習方法 3. 讀書法
529.98　　107009347